CONFESSIONS

D'UN

HOMME DE COUR,

CONTEMPORAIN DE LOUIS XV;

RÉVÉLATIONS HISTORIQUES

SUR LE XVIIIme SIÈCLE:

PUBLIÉES

Par J. Dusaulchoy et P.-R. Charrin.

TOME SECOND.

PARIS.
WERDET, LIBRAIRE-ÉDITEUR,
RUE DES GRANDS-AUGUSTINS, N. 21;
LEVAVASSEUR. — CORBET.

1830.

CONFESSIONS

D'UN

HOMME DE COUR.

IMPRIMERIE DE A. BARBIER,
RUE DES MARAIS S.-G., N. 17.

CONFESSIONS

D'UN

HOMME DE COUR,

CONTEMPORAIN DE LOUIS XV;

RÉVÉLATIONS HISTORIQUES

SUR LE XVIIIme SIÈCLE :

PUBLIÉES

Par J. Dusaulchoy et P.-J. Charrin.

TOME SECOND.

PARIS.
WERDET, LIBRAIRE-ÉDITEUR,
RUE DES GRANDS-AUGUSTINS, N. 21.
LECOINTE. — LEQUIEN.
—
1830.

CONFESSIONS
D'UN HOMME DE COUR,

CONTEMPORAIN DE LOUIS XV;

RÉVÉLATIONS HISTORIQUES

SUR LE XVIIIme SIÈCLE.

CHAPITRE XIII.

Le tombeau d'un vieux guerrier. — Larmes d'un brave. — La fée Mélusine.

Nous nous acheminâmes vers Montereau, où nous arrivâmes trois heures et demie après notre départ. Le chevalier d'Érigny n'y retrouva plus M. de Landry, son ancien major; ce vieux militaire depuis trois mois avait cessé de vivre. On nous conduisit près de sa tombe, placée dans un coin obscur du cimetière; aucun signe de souvenir n'indiquait que là, reposait la dépouille mortelle d'un digne chevalier français. Le mérite pauvre n'a jamais un fastueux mausolée; cet honneur n'est réservé qu'aux riches ignorans, aux parvenus engraissés du denier de la veuve et de l'orphelin, aux ambitieux oppresseurs des nations.

Arrivés à cette sépulture, le chevalier se met à genoux et prie; des larmes s'échappent de ses yeux, et je les vois couler sur ce visage où dans toutes les circonstances, on n'a presque jamais remarqué d'autre caractère que celui d'une grandeur énergique et du stoïcisme.

« Il fut mon premier guide, me dit-il, les bonnes qualités que je puis avoir, c'est à lui que je les dois. »

Ah! si l'expression de la sensibilité est communicative, c'est éminemment quand elle jaillit d'une âme forte, accoutumée à maîtriser les émotions communes. Un homme tel que le chevalier d'Érigny, pleurant sur la tombe d'un vétéran de la gloire, pouvait-il ne pas faire sur moi une vive impression? Je pleurai donc le vieux major, comme si j'aurais eu lieu, moi-même, de regretter en lui un sage mentor.

Le chevalier donna ordre de placer une pierre sépulcrale sur le modeste monument, et y fit graver ces mots :

PIERRE-AUGUSTIN DE LANDRY,

Ancien major du régiment de Saintonge.

Toujours fidèle à son Dieu, à son roi, à sa patrie, humain autant que brave, il dut tout à ses services et rien à la faveur.

Afin de nous distraire des pensées mélancoliques auxquelles nous étions si disposés à nous livrer, nous allâmes visiter les belles manufactures de faïence, les fabriques de tuiles, le marché de grains et de bestiaux, qui font la richesse du pays. Nous visitâmes le confluent de l'Yonne et de la Seine, le pont sur lequel fut assassiné le duc de Bourgogne, au commencement du quinzième siècle, nous vîmes également l'épée de ce prince, suspendue dans la grande église.

Nous reprîmes ensuite le chemin qui devait nous conduire à notre destination. Je ne revenais pas de la surprise que me causait l'immense instruction du chevalier; il connaissait les particularités relatives à l'agriculture, au commerce, à l'histoire de chaque lieu où nous passions, comme s'il l'eût toujours habité.

Étant un soir à Ligny, jolie ville du duché de Bar, où nous devions séjourner le lendemain, notre curiosité fut excitée par le mouvement et le bruit qu'occasionnaient des groupes nombreux formés dans les rues. Nous demandâmes quel en était le sujet.

« Plusieurs personnes, nous dit la maîtresse de l'auberge, assurent qu'elles viennent de voir, sur les murs du château de cette ville, notre bonne fée en longs habits de deuil, elles ajoutent qu'elle poussait des cris à fendre tous les cœurs. Comme ses apparitions sont toujours des présages de malheurs, les habitans sont en alarmes, et chacun raisonne, suivant ses petites lumières, sur ce qui peut nous menacer.

— » Une fée ! m'écriai-je. Est-il possible

que de pareils contes obtiennent encore quelque crédit?

— » S'ils en obtiennent! quels que soient les progrès des lumières, sachez, mon cher Gustave, me répondit le chevalier, qu'il n'y a pas d'invention absurde, extravagante, qui n'ait ses partisans et ses séides. Le merveilleux peut tout sur la multitude. Parmi les hommes éclairés, il se rencontre même quelquefois une crédulité inconcevable. César ne montait jamais sur son char, sans avoir récité trois fois, comme préservatif, trois vers d'Homère, qu'on lui avait dit être de vrais talismans. Le savant philosophe matérialiste Hobbes se croyait menacé d'un malheur, quand, sortant de chez lui, le matin, la première personne qu'il rencontrait était une vieille femme. Il rentrait aussitôt et ne sortait plus de la journée. On sait quelles alarmes jettent, parmi les gens du peuple, l'apparition d'une comète ou d'un autre météore; le renversement d'une salière, le nombre treize, une entreprise commencée le vendredi. Cette manie de vouloir percer le nuage de l'avenir est de tous les pays et de tous les temps. On peut la regarder comme une des plus grandes marques de la débilité de l'esprit humain.

» Si l'on a vu réellement une femme en deuil sur la terrasse du château, il est certain que ce n'était point une fée, mais une personne qui visitait cet ancien édifice, ou peut-être qui voulait se jouer de la crédulité populaire. Sans être doué de beaucoup d'adresse, il est facile de persuader au commun des hommes qu'une fée apparaît.

» Presque tous les peuples ont eu leurs génies *bons* et *mauvais*. Ceux que créa, dans les temps modernes, l'imagination des poètes et des romanciers, sont les sylphes, les gnômes, et surtout les enchanteresses auxquelles on donna ce nom de *fées*. Les premiers enrichirent leurs poèmes des prodiges brillans qu'elles opéraient; les seconds tirèrent, de la féerie, un fonds inépuisable de morale et de gaîté.

» Les génies se partageaient les élémens; les fées étaient aussi puissantes qu'eux.

» Les *bonnes* fées régnaient dans des palais transparens, au milieu de l'abondance, entourées de tout ce que la nature et l'art offraient de plus magnifique, de plus gracieux. Leur plus douce jouissance était d'accomplir les souhaits des mortels qu'elles protégeaient.

» Les fées *malévoles* habitaient des lieux inaccessibles, d'affreux déserts ou des antres ténébreux. De là, elles soufflaient sur les malheureux humains tous les sortiléges, tous les maléfices, que leur génie, fertile en noirceurs, pouvait inventer.

» Chaque fée avait un nom, une vertu, un pouvoir qui n'appartenaient qu'à elle; de même, elle avait sa contrée, son domaine, son apanage et sa cour.

» Il est présumable que ces noms de fées, *bonnes* ou *malévoles*, furent donnés, dans l'origine, à des femmes puissantes, dont la haute sagesse ou la malice extrême fixaient l'attention générale, et qui laissèrent des traces profondes dans la mémoire des peuples, long-temps après qu'elles eurent cessé d'exister. La frayeur ou l'admiration exagérèrent leur puissance : de là tous ces contes populaires, tous ces romans que la chevalerie accrédita, que la curiosité mit en vogue, archives amusantes, qui plairont toujours à l'imagination des grands enfans qu'on appelle des hommes.

» Il serait difficile d'assigner l'étymologie du nom de chaque fée dont le souvenir est venu jusqu'à nous. Ainsi se perd, dans l'obscurité des temps, l'origine positive de celle que l'on prétend avoir été vue ce soir sur les murs du château de cette ville, qui fut jadis le sien. Elle était de la classe des bonnes fées, et s'appelait *Mélusine*. Quelques chroniqueurs l'ont faussement désignée sous le nom de *Mer-Lusine* ou *Malusine*. Il en est une qui porte la première de ces deux dénominations, calquée sans doute sur la Mère-Lucine, *mater-Lucina*, des Romains, mais ce n'est point la même. S'il en est une qui soit appelée *Malusine*, son nom seul *Malusina*, qui est presque l'anagramme de *Male Usus*, l'éloigne encore plus de celle dont nous parlons.

» Selon quelques théologiens, *Mélusine* était un démon femelle de la mer; selon d'autres, elle descendait d'un roi d'Albanie et d'une fée. Paracelie en fait une nymphe. Mais voici la conjecture la plus vraisemblable : un prince de l'illustre maison de Luxembourg, suzeraine de la comté et ville de Liney, aujourd'hui Ligny, reçut la main d'une fille de l'antique famille des Lusignan. Cette princesse était d'une beauté ravissante, douce, charitable, et parlant si éloquemment, qu'il semblait que le miel coulât de ses lèvres (*mel-usus*). Telle est l'origine la plus raisonnable de son nom.

» Mais toujours, on l'a représentée avec un corps de femme, une queue de poisson, les cheveux flottans, un miroir devant elle, et un peigne à la main ou sur sa toilette. C'est ainsi qu'on la voyait dans les armoiries de la maison de Luxembourg, et sur une infinité de bas-reliefs. A quoi faut-il attribuer cette bizarrerie, si ce n'est à l'admiration qu'inspirait la princesse ? On en fit d'abord une *Syrène*, tant à cause de la douceur de son langage, qu'à cause de l'habitude où elle était, dit-on, de se baigner dans le beau canal de son parc, et de peigner ensuite ses longs cheveux. La reconnaissance du peuple, dont elle avait été la bienfaitrice, l'éleva ensuite à la dignité de *fée*, en lui attribuant le don de la bonté, et lui prêtant, pour embellir son histoire, différentes anecdotes analogues à son caractère.

» On raconte que cette bonne Mélusine, comme la plupart des fées de son temps, était obligée de prendre, certains jours du mois, sa forme de poisson. Alors elle avait grand soin de se soustraire aux regards de son mari et de ses gens. Mais ne voilà-t-il pas qu'un beau jour, l'époux cède à la curiosité de savoir ce que peut faire sa femme si mystérieusement renfermée dans sa chambre; avec une double clef, qu'il s'est procurée, il entre chez elle à l'improviste, et la trouve dans une baignoire, sous une forme nouvelle qui lui paraît singulière. Voyant son secret découvert, Mélusine ne laisse pas au prince le temps d'exprimer la surprise dont il est saisi, elle fait entendre une plainte douloureuse, et disparaît.

» Depuis lors, une tradition, à laquelle le peuple croit avec autant de confiance qu'à un article de foi, assure que cette fille des Lusignan ne manque jamais d'apparaître en deuil sur les ruines des différens châteaux qui ont appartenu à ces anciens rois de Chypre et de Jérusalem, et d'y pousser des cris plaintifs, lorsqu'un de leurs descendans est menacé d'une disgrâce, lorsqu'un roi de France doit mourir d'une mort extraordinaire, ou lorsqu'une calamité publique est à redouter. »

En m'instruisant, en occupant agréablement mon esprit, par des observations utiles, par des anecdotes et des narrations historiques, telles que celle qu'on vient de lire, le chevalier réussit à calmer insensiblement la tristesse que me causait le souvenir d'Augustine. Mes regrets n'étaient pourtant point effacés, mais contenus, et ne m'empêchaient plus de sentir le prix des jouissances que fait goûter l'aspect de la nature, et des travaux conçus et exécutés par le génie de l'homme.

Le lendemain, en allant visiter le château et le parc de Ligny, nous apprîmes que l'objet dont la présence avait persuadé, à trois ou quatre commères, qu'elles voyaient apparaître la belle et bonne fée Mélusine, n'était autre qu'un pauvre petit vieux sacristain qui prenait le frais à la brune, sur la terrasse. Tous ceux qui avaient cru à l'apparition, et qui en avaient conçu de terribles alarmes, semblaient désolés, non pas d'avoir été pris pour dupes, mais de ne plus avoir peur. L'homme est en général avide d'émotions douloureuses; il les recherche et s'y livre avec une sorte de volupté; il aime à dire : *Je souffre, je suis malheureux !* C'est l'infortune, c'est la douleur qui l'intéressent, qui le charment dans les productions des arts, au théâtre, dans les poèmes, dans les romans. S'il n'y trouve que le tableau d'une félicité parfaite, il bâille et s'endort. Nous sommes ainsi fabriqués; nous voulons être heureux, et le bonheur nous ennuie.

En quittant Ligny, nous jugeâmes enfin à propos de ne plus nous arrêter jusqu'à Nancy. Nous y arrivâmes le surlendemain, un mois après être sortis de Paris.

Le tendre accueil que je reçus, en rentrant dans la maison paternelle, ne laissa, d'abord, de place dans mon cœur qu'aux impressions de l'amour filial. Avec quel plaisir j'embrassai mon père, mon excellente mère! Ils me trouvèrent prodigieusement grandi; mon voyage pédestre avait développé mes forces, donné un air plus mâle à mon visage, et de plus belles proportions aux formes de mon corps. Le contentement que je lisais dans les yeux de mon père, qui me serrait la main, annonçait une espérance glorieuse; en me contemplant, on eût dit que ma mère s'admirait elle-même. Jusqu'à l'honnête et maigre demoiselle Lami me regardait avec complaisance, mais sans mêler au chaste intérêt qu'elle me portait, aucune pensée terrestre.

CHAPITRE XIV.

Vive une dévote pour savoir aimer!

Après une semaine de repos, une agitation vive et tourmentante, dans toutes mes facultés physiques, me fit apercevoir qu'il y avait long-temps que je n'avais aimé.

Quand je dis qu'il y avait long-temps, entendons-nous; ceci demande une petite explication.

J'aimais, je l'avoue, Augustine de toute la puissance de mon âme : le matin, le soir, la nuit, elle était pour moi, un sujet toujours nouveau de rêveries tendres et mélancoliques; loin d'affaiblir mon amour, l'éloignement lui donnait une force, une stabilité indestructibles, et je vérifiais cette maxime de la Bruyère, que *l'amour qui naît subitement est le plus long à guérir.* Le chevalier croyait m'avoir indiqué un excellent remède pour opérer cette guérison : c'était l'étude.

Je faisais très-docilement un grand usage de cette recette, mais elle était sans efficacité; l'image de ma chère Augustine se représentait sans cesse à mon esprit et le détournait des objets dont je prétendais l'occuper. La Bruyère a donc aussi raison de dire : *Vouloir oublier quelqu'un, c'est y penser. L'amour a cela de commun avec les scrupules, qu'il s'aigrit par les réflexions et les retours que l'on fait pour s'en délivrer.* Enfin, Moncrif a peint ma situation, dans le couplet d'une de ses romances les plus délicates, par ces deux vers :

> En songeant qu'il faut qu'on l'oublie,
> On s'en souvient.

Cependant, cet amour, qui semblait être la vie de mon cœur, n'avait rien changé à ma complexion physique; la sève brûlante d'une santé robuste et fleurie circulait dans mes organes, avec une prodigieuse activité. Des désirs vagues mais impétueux me tourmentaient, me causaient de fréquentes insomnies : je ne pouvais donc éviter quoique j'aimasse par le cœur, d'aimer aussi par les sens.

Les femmes sentimentales, incapables, ainsi que tout le monde le sait, d'être jamais infidèles, les doucereux descendans des bergers du Lignon, et les apologistes de l'amour platonique, seront scandalisés de ce que j'ai pu faire marcher de front ces deux manières d'aimer. Mais, je demanderai à ceux qui seront de bonne foi, pourvu que dans leurs veines, au lieu de sang, ne circule pas lentement un extrait des quatre semences froides, s'ils oseraient affirmer sur l'honneur, avoir été plus sages que moi, à l'âge de dix-neuf ans.

Le désir d'aimer m'aiguillonnant donc très-vivement, je parcourus des yeux les dames, les demoiselles qui composaient le cercle de ma mère, et dont plusieurs mettaient en jeu de gentilles minauderies pour fixer mon attention. Ils s'arrêtèrent sur la grave et modeste madame de Mirval, veuve d'un président. Ses formes admirables, son teint de la fraîcheur la plus suave, ses grands yeux noirs, qu'elle ne levait qu'avec une sorte de crainte, et dont elle s'était fait une habitude de contenir l'expression, présageaient à mon imagination d'ineffables délices.

Madame de Mirval n'avait que vingt-quatre à vingt-cinq ans, et s'était jetée dans la dévotion. « Dévote à cet âge ! m'écriai-je ; c'est beaucoup trop tôt ! mon devoir est de la conserver au monde, que bientôt elle voudra fuir. »

Or, l'amour étant, de tous les moyens, le plus efficace, c'est à lui que j'eus recours, et voici comment je procédai à l'œuvre pie d'aimer la belle dévote et de la stimuler à aimer avec moi de compagnie. D'un ton presque béat, je priai madame de Mirval de me permettre de la consulter quelquefois sur certains scrupules de conscience relatifs à la conduite que je devais tenir dans l'état militaire auquel on me destinait. Je ne suis pas certain qu'elle ait ajouté foi à ces prétendus scrupules ; mais qu'elle ait ou n'ait pas deviné mon dessein, toujours est-il qu'elle m'accorda, de la manière la plus gracieuse, la permission que je lui demandais. Dès le lendemain, je me présentai chez elle.

On m'introduit. J'entre dans un salon dont

les meubles sont aussi tristes que ceux d'une supérieure de carmelites. Mais, après ce salon, j'arrive dans un charmant boudoir, car un boudoir est de rigueur pour une dévote comme pour une petite-maîtresse; le nom et les ornemens forment seuls la différence. Madame de Mirval nommait le sien un oratoire.

De très-belles peintures décoraient cet asile du silence et de la méditation. On pense bien que les scènes gracieuses ou galantes de la mythologie avaient été scrupuleusement bannies de ce sanctuaire. On y voyait *la chaste Susanne* triomphant des coupables efforts de ses adorateurs surannés, malgré le sort affreux dont ils jurent de payer ses dédains. *Le pudique Joseph*, s'arrachant en détournant la vue des bras de la femme de Putiphar. *Saint Antoine*, résistant à la tentation mise en jeu par Satan, tentation que Callot a si grotesquement, si spirituellement représentéé.

Tels étaient les exemples que la belle veuve contemplait avec admiration; ils élevaient son âme et la garantissaient, me dit-elle, des piéges des hommes, plus dangereux mille fois que ceux du malin esprit.

Un autre tableau, le plus capital, attira mon attention; jamais figure plus noble, plus ravissante, jamais expression d'extase céleste n'avaient été inspirées par le feu du génie, et produites par le pinceau. Ce chef-d'œuvre, c'était *l'apothéose du bien-heureux patron* de madame de Mirval; des anges, beaux comme des amours, entouraient et soutenaient l'heureux martyr.

Je ne dirai rien des autres peintures parmi lesquelles se trouvaient *la Samaritaine et mademoiselle de La Vallière*, prononçant ses vœux. Quant à l'ameublement de cette charmante cellule, il se composait d'un riche sablier, de quelques vases de fleurs, d'un moelleux sopha, d'une chiffonnière, d'une petite bibliothèque et d'un prie-dieu, sur lequel je remarquai une traduction du *Cantique des cantiques*. Voilà ce qui décorait ce lieu, consacré à de saintes méditations.

Lorsque l'aimable dévote s'y retirait pieusement, l'entrée en était interdite aux profanes; aucun être n'osait en approcher, ni le regarder, même de loin : c'était, pour les gens de la maison, la représentation de l'arche sacrée d'Israël. Grâce au motif qui me conduisait, faisant une exception charitable en ma faveur, madame de Mirval avait ordonné que l'entrée du sanctuaire me fût ouverte.

Je la trouve mollement couchée sur le sopha; une jambe fine, que le hasard découvre à moitié, un sein agité par la chaleur, des bras d'ivoire, ses yeux si beaux qui se baissent et s'ouvrent timidement, et qui sont chargés d'une douce langueur, tout commande le désir, tout fait entrevoir combien serait divin le bonheur d'aimer madame de Mirval.

A mon approche, elle cache précipitamment, sous un coussin du sopha, le livre qu'elle tenait. Du reste, ma visite ne paraît point la déconcerter. Pour une dévote, qu'une lecture intéressante fait rêver, un jeune homme arrive assez ordinairement à propos.

Après quelques discours vagues, la conversation prend, par degré, un autre ton, et l'amour en devient le sujet. Je peins ses douceurs avec cet accent passionné, qu'on a presque toujours dans les momens où le besoin d'aimer prédomine sur toutes nos autres sensations. Madame de Mirval m'écoute avec une attention mêlée d'une émotion mal dissimulée ; l'inquiétude est dans ses yeux ; ils errent craintivement autour d'elle. Je m'en aperçois ; j'en demande la cause.

« Quelle imprudence ! me répond-elle.... Un tête-à-tête avec un jeune homme de votre âge ! Combien ma réputation peut être compromise ! (*Puis, avec un sourire*) S'il était possible qu'on eût écouté notre entretien, le sujet que nous traitons donnerait une bien faible opinion de votre sagesse et de ma prudence. »

Ici, je sens qu'il faut un coup de force pour étourdir madame de Mirval ; je l'interromps par une sortie brusque, impétueuse, contre la méchanceté des hommes, contre la duperie de se gêner pour eux. Les femmes aiment assez les sorties brusques. Madame de Mirval applaudit à la mienne.

« Par exemple, madame, continuai-je avec chaleur, dans ce moment, si quelqu'un entrait, quelle idée concevrait-il ? Cette idée pourtant serait bien injuste ! votre main que je presse dans la mienne, ce sopha que vous me permettez de partager avec vous, paraîtraient des indices....

— » Et cependant, reprend-elle, je vous crois sage, je suis sûre de mes principes; si j'en doutais, aurais-je toléré des libertés qui, en vérité, m'épouvanteraient avec tout autre que vous? »

Alors, elle fait un effort pour retirer sa main. Celui que je fais, à mon tour, pour la retenir ne lui déplaît pas. De la main d'une dévote à son cœur il n'y a pas loin.

J'avais lu quelque part que, si l'on voulait s'emparer de certaines forteresses, telles que celle devant laquelle je me trouvais, l'on devait au premier instant monter à l'assaut, ou renoncer à l'entreprise. Je cesse donc soudainement de parler, j'agis; on me résiste. J'use de violence.

« C'est une horreur, vous abusez... vous vous oubliez... que signifie cette conduite infâme... que voulez-vous, monsieur?...

—» Vous êtes aimable, jeune, belle, vous êtes veuve, je vous adore.... Nous sommes seuls; cet asile est sûr, impénétrable!... »

Soudain les actions suivent les paroles; madame de Mirval interdite, étonnée de tant d'audace, n'ose crier dans la crainte d'être vue par ses gens, dans le désordre où je l'ai mise, mais elle se défend comme un lion ; elle mord, elle pleure, elle rit tour à tour. Enfin, des *mon Dieu!* prononcés d'un ton à la fois douloureux et passionné, sont le signal de sa défaite. C'est une expression délicieuse, que *mon Dieu!* dans la bouche d'une femme, au moment où on l'aime.

Après ma victoire, la consternation se peint sur le visage de madame de Mirval. En peu de temps, je lui ai fait faire beaucoup de chemin pour une dévote.

Elle soulève ses yeux appesantis ; la surprise, le regret, le plaisir s'y confondent ensemble. Telles sont les impressions qui se font toujours lire dans les yeux de la femme sensible qui vient d'aimer ; et des yeux qui s'expriment ainsi offrent au vainqueur un spectacle charmant.

Ceux de madame de Mirval enfin se portent sur moi ; je suis à ses genoux ; je supplie ; mon air profondément touché l'attendrit ; elle va me pardonner. Mais elle jette un regard de côté, et tout-à-coup me repousse fortement, se retourne, cache sa tête de ses deux mains, et fait entendre les accens du désespoir.

Toujours dans mon humble attitude, je reste immobile et comme pétrifié. Je réfléchis pourtant qu'une femme que l'on vient d'aimer, en apparence presque malgré sa volonté, peut prendre un air boudeur, verser même quelques larmes pour faire mieux apprécier le bien qu'on lui a ravi, et pour goûter la satisfaction d'être consolée; mais faire éclater un tel désespoir ! cela n'est pas naturel; quelle est donc la cause d'un changement si subit ? Je me retourne et la devine bientôt. En levant les yeux, madame de Mirval avait été frappée de l'aspect des tableaux sacrés dont j'ai déjà parlé. Arrachée soudain à ses pensées mondaines, le crime qu'elle vient de commettre lui paraît irrémissible. Madame de Mirval fond en larmes.

Je cherche, mais en vain, à calmer son agitation, à la consoler; ses sanglots redoublent, ma position devient embarrassante...

Chaque fois que ses regards rencontrent les édifiantes peintures, sa douleur semble s'accroître, elle suffoque.

Je redoute une crise violente; si elle arrivait, il faudrait appeler du secours: la réputation de madame de Mirval serait compromise, perdue... Que faire?... Une heureuse idée vient mettre fin à cette scène; je me lève, et, de la manière la plus respectueuse, avec une gravité vraiment magistrale, je décroche les tableaux, je les porte dans le salon, et viens reprendre ma place.

En procédant à cette silencieuse translation, il est à présumer que ma figure et ma contenance avaient quelque chose de comique, car madame de Mirval partit d'un grand éclat de rire. Or quand on rit, on est désarmé. Grâce pleine et entière me fut donc accordée, et nous la scellâmes en nous livrant sans réserve à nos mutuels transports.

Depuis ce jour, ma dévote amante regarda, sans effroi, sans remords, Suzanne, Joseph, et surtout son bienheureux patron. Elle plaisanta même sur le singulier effet que leur vue avait produit après une première défaite.

Pour ne pas alonger mon récit, par le détail de scènes trop uniformes, je dirai que mon commerce avec madame de Mirval dura près de six mois. Ces femmes qui en apparence se vouent à une vie austère, qui enveloppent leurs actions d'un voile qu'elles croient impénétrable, *aiment* infiniment plus que celles qui ne rougissent pas d'avouer qu'elles aiment.

Lorsque je quittai madame de Mirval, pour aller à Lunéville, elle me plaisait encore assez pour me laisser des regrets; mais ce goût n'était plus de nature à les rendre cuisans. C'est là le moment précis où il est à propos de quitter une maîtresse.

Le soir du jour où je parvins à vaincre les scrupules, à fléchir l'austérité des principes de madame de Mirval, quand je fus de retour chez moi, l'image d'Augustine se présenta soudain à mon souvenir; je crus la voir plus ravissante que jamais, et contempler avec délices les charmes naïfs et purs dont j'avais ravi les prémices par la ruse et la séduction. Je me reprochai ma conquête de la journée : pour m'en punir, j'étais tenté de me battre, de me macérer, à l'imitation de plusieurs saints personnages. Cependant, après avoir tout analysé, pesé, réfléchi, le résultat que j'obtins fut la conviction que l'infidélité commise par mes sens n'avait rien diminué du sentiment qui animait la partie de mon être la plus rapprochée de la divinité, que cette infidélité y avait au contraire ajouté l'évidence qui naît des comparaisons, puisqu'elle me prouvait combien la volupté, dont j'avais recherché l'ivresse, était au-dessous des jouissances que procure ce sentiment sacré. Cette conclusion me parut singulièrement juste; elle suffit pour étourdir mes scrupules.

Des casuistes diront que les conséquences que je tire de mes raisonnemens ne tendent qu'à instituer ma conscience, la complaisante, en titre d'office, de mes écarts volages.

Peut-être ces messieurs auraient-ils raison avec beaucoup d'autres que moi; mais, en vérité, ils ont tort lorsqu'il s'agit d'un composé de salpêtre et de feu; est-ce ma faute si je suis fait ainsi?...

CHAPITRE XV.

Ma présentation au roi Stanislas Leczinski. — Bienfaits de cet excellent prince. — La marquise de Boufflers. — Le comte de Tressan. — L'aimable petit abbé Porquet. —Le chevalier de Boufflers. — Le jésuite Menoux. — Le nain Bébé.

Ce n'était pas pour demeurer dans la maison paternelle que j'y étais revenu : ma famille n'avait jamais suivi l'exemple de ces seigneurs de paroisses, de ces gentilshommes qui, lorsqu'ils étaient riches, croyaient qu'ils n'avaient pas d'autres devoirs à remplir envers leur pays, que celui de manger leurs revenus, et qui appelaient cela vivre noblement. Mon père avait appris de ses ancêtres à considérer l'orgueilleuse oisiveté dont il s'agit, comme une véritable déchéance de la qualité de gentilhomme.

— « Tant d'avantages, me disait-il, sont attribués à la noblesse, qu'elle serait une institution anti-sociale, un fléau chaque jour plus insupportable pour les nations, si des vertus et des services proportionnés à ces avantages ne lui étaient imposés. L'ordre, établi par notre système politique, éprouve donc le dérangement d'un de ses rouages, quand une famille noble reste inutile; et si le plus grand nombre des familles de cette classe offrait également le spectacle de l'inutilité, le dérangement deviendrait général; une révolution le suivrait inévitablement, et la noblesse en serait la première victime. »

Mon père alors ne se doutait pas qu'il était prophète.

Conformément à ses principes, il s'occupait donc sérieusement des moyens de me placer. Pensant avec raison que la recommandation de Stanislas Leczinski, dont il était fort estimé, ferait bien accueillir ses sollicitations à Versailles, il me conduisit à Lunéville, dans l'intention de me présenter à ce prince.

On sait qu'après avoir été élevé sur le trône de Pologne, par le roi de Suède Charles XII, Stanislas en fut chassé par Auguste II, électeur de Saxe; qu'il y fut ensuite rappelé et, de nouveau, contraint d'abandonner ses prétentions ; qu'il courut, dans sa fuite, les plus grands dangers; que, devenu le beau-père de Louis XV, un des articles du traité de paix conclu à Vienne, en 1736, lui conserva le titre de roi ; lui rendit ses biens en Pologne, et lui donna la jouissance des duchés de Lorraine et de Bar, avec droit de réversion à la France.

Ce bon prince était adoré des Lorrains. On eût dit que le ciel l'avait envoyé pour les dédommager de la perte de leurs anciens ducs, dont le règne paternel, notamment celui de Léopold, avait laissé les souvenirs les plus touchans.

A l'exemple de cet admirable Léopold, il faisait rebâtir les maisons des gentilshommes, des artistes, des honnêtes gens pauvres, payait leurs dettes, faisait étudier leurs fils, et mariait leurs filles; il allait chercher les talens dans les boutiques, et jusque dans les plus simples hameaux, pour les mettre en évidence et les encourager.

Jamais il n'était accompagné d'aucune

garde. Lorsqu'il descendait de sa voiture, pour entrer dans une promenade ou dans une église, les premières personnes qui se trouvaient sur le lieu se présentaient pour qu'il s'appuyât sur elles, et le conduisaient, glorieuses de soutenir les pas du meilleur des princes. Il en était de même quand il revenait. Ordinairement, en sortant de l'église, il s'arrêtait devant la maison d'un marchand ou d'un artisan, dont il avait entendu vanter la probité, ou qui éprouvait quelque gêne, quelque affliction. Il entrait, s'asseyait comme un père de famille au milieu de ses enfans, causait familièrement, descendait jusqu'aux plus petits détails relatifs à leurs intérêts, faisait pénétrer dans leur âme la confiance, la consolation, l'espoir, et ne les quittait qu'après avoir pris des mesures efficaces pour terminer leurs inquiétudes ou leurs embarras. Lorsque le dur La Galaisière, son intendant-général, lui représentait que tous ces gens, dont il se plaisait à être l'ange tutélaire, le ruineraient, il répondait : *Tant mieux ! je n'en serai que plus riche, puisqu'ils seront heureux.* Enfin toutes les actions dé cet excellent prince attestaient combien il était digne du titre de *philosophe bienfaisant* qu'on lui avoit donné.

Au moment où l'on nous introduisit dans son cabinet, je fus saisi d'un accès de timidité qui me fit craindre d'avoir une sotte contenance devant Sa Majesté; mais, pour me rassurer, il suffit du premier regard que je portai sur elle.

Stanislas Leczinski était d'une haute stature. Sa physionomie offrait un caractère imposant dominé par celui de la bonté. Les années, le repos lui avaient occasionné un extrême embonpoint. Il portait une longue et large robe de chambre de damas. Une grande perruque, à boucles nombreuses, couvrait sa tête. Il se leva pour recevoir mon père. En contemplant ce visage vénérable, dont chaque trait exprimait le désir de faire du bien, je me sentis pénétré d'un attendrissement religieux.

Le roi nous retint à dîner. Je m'attendais à une étiquette gênante; je me trompais. Sans proscrire le cérémonial et l'éclat que son rang demandait, il les avait alliés à des dehors simples; sa grandeur ne résidait qu'en lui; il voulait qu'elle attirât les cœurs, et non qu'elle éblouît les yeux.

Je vis à sa table plusieurs individus assez mesquinement habillés, auxquels il témoignait beaucoup d'égards. C'étaient de pauvres gentilshommes, des auteurs, des artistes. Ils quittaient, de temps à autre, leur charrue, leur cabinet, ou leur atelier, pour lui faire la cour. Stanislas les accueillait avec l'affabilité la plus amicale; jamais ils ne venaient lui offrir leurs hommages qu'il ne les admît à sa table, et jamais ils ne le quittaient sans avoir reçu des marques de sa munificence.

Plusieurs même amenaient à ce bon roi leurs enfans en bas âge. Il avait fait faire exprès des chaises à bras très-hautes, afin de placer à table, ces petits convives; leur naïveté, leurs grâces enfantines et la joie reconnaissante qui brillait dans les yeux de leurs pères, retraçaient le tableau pur et touchant de la vie patriarcale, et Stanislas trouvait à la renouveler souvent, une jouissance inconnue au vulgaire des rois.

Ce prince daigna prendre un vif intérêt à

moi. « Je désire, dit-il à mon père, d'un ton aussi affectueux qu'aimable, que ce jeune homme vienne tous les jours me voir. Ce désir est un peu intéressé : c'est une petite jouissance que je veux procurer à mon amour-propre, car, je suis persuadé qu'une plus ample connaissance justifiera la prévention favorable que votre fils m'inspire, et me confirmera dans l'idée que j'ai été bon juge. »

Ce désir fut un ordre pour mon père. Il résolut de rester quelque temps à Lunéville, où nous avions un hôtel. Ayant écrit à ma mère de venir nous y rejoindre, nous nous y trouvâmes bientôt aussi commodément qu'à Nancy, et moi, je me vis établi comme un convive de fondation, à la cour de Stanislas.

Par les grâces et l'originalité de son esprit, la marquise de Boufflers, sœur du prince de Beauveau, faisait les délices de cette petite, mais charmante cour. Son fils, si connu depuis sous le nom de chevalier de Boufflers, venait de publier le joli conte d'*Aline*. Il l'avait composé à Paris, dans le séminaire de Saint-Sulpice, où il était entré pour se préparer à devenir évêque. Mais la gentille Aline étant la seule preuve qu'il eût donnée de sa vocation pour l'épiscopat, il n'avait gardé que six mois la soutane, avait fait ses adieux au séminaire et était revenu à Lunéville. Cependant, en abandonnant la théologie qui l'ennuyait, Boufflers ne s'était point senti disposé à abandonner de même un bénéfice, qu'il tenait de Stanislas, et dont le revenu, de quarante mille livres de rentes, lui plaisait infiniment. Or donc, il venait de trouver le secret de conserver ce revenu chéri ; il lui avait suffi d'échanger son petit-collet, contre une croix de Malte, attendu que cette décoration religieuse permettait de posséder tous les bénéfices simples qu'on pouvait obtenir. Quoiqu'il fût loin d'être un hypocrite, en se faisant ainsi d'abbé chevalier, Boufflers vérifia pourtant cette maxime du bon monsieur Tartufe :

« On trouve avec *le Ciel* des accommodemens. »

Un des hommes les plus distingués de cette époque, sous les rapports de brave chevalier français, de littérateur et d'homme du monde, était aussi l'un des ornemens de la cour de Stanislas : c'était le comte de la Vergne-de-

Tressan, dont on lira toujours les romans de chevalerie. Lié, très-jeune, avec Fontenelle et Voltaire, il avait puisé dans leur société l'amour des lettres, mais, sans négliger les devoirs de l'état militaire, auxquels sa naissance l'appelait. Il s'était distingué à la bataille de Fontenoy, sous les yeux de Louis XV, qui l'avait nommé son aide-de-camp. Son instruction, son esprit délicat et fin, son imagination vive et gracieuse, sa politesse, l'élégance de ses manières, le faisaient rechercher par tous les gens de goût, et les qualités de son cœur attachaient tous ceux que le charme de sa conversation avait attirés (1).

---

(1) Quoique depuis l'année 1750, le comte de Tressan fût membre des Académies royales des sciences de Paris, de Londres, de Berlin et d'Édimbourg, ce ne fut qu'en 1780, long-temps après que j'eus fait sa connaissance à Lunéville, qu'il se mit sur les rangs pour être de l'Académie française. Il n'avait osé s'y présenter sous le règne de Louis XV, parce que ce prince, qui était rancunier, ne pouvait lui pardonner deux couplets dirigés contre la duchesse de Châteauroux.

Ce royal amant était d'autant plus outré, qu'il avait fourni au comte l'occasion de désavouer ces couplets, en disant qu'ils ne pouvaient être de lui, qu'ils étaient trop bêtes. L'amour-propre aveugla l'auteur sur toute autre considération, et sans avouer les vers, il les défendit avec chaleur. Cette circonstance lui fit craindre que s'il était admis par les membres de l'Académie, le roi ne l'en exclût en n'approuvant pas sa nomination.

Après les aimables conservateurs de l'urbanité française que je viens de citer, je ne dois pas oublier l'abbé Porquet, aumônier du roi. Il plaisait généralement à la cour de Lunéville, faisait de jolis vers, et toujours on le voyait prêt à obliger. Étant précepteur du chevalier de Boufflers, il avait fait naître en lui le désir d'être poète. D'une humeur gaie, du caractère le plus sociable, sachant allier le bon esprit au bel esprit, ce cher abbé Porquet se prêtait, avec une grâce à la fois piquante et pleine de bonhomie, à tous les jeux de la société, aux espiègleries, dont il était l'objet, à tous les traits plaisans auxquels donnaient lieu sa très-petite stature, sa très-petite santé, et y répondait par des saillies qui égayaient tout le cercle.

Ces quatre personnes, c'est-à-dire, la marquise de Boufflers, son fils, le comte de Tressan et l'abbé Porquet, conçurent bientôt pour moi une amitié qui ne s'est pas démentie un seul instant. Je ne me rappelle qu'avec attendrissement le plaisir qu'ils éprouvaient à donner de la rectitude à mon jugement, à épurer mon cœur, à perfectionner mon goût;

ils semblaient avoir formé, avec le chevalier d'Erigny, un plan de conduite pour faire de moi un homme bien meilleur que je ne le fus jamais par la suite. Aujourd'hui, que le poids des années m'accable, que je ne suis pas même l'ombre de ce que j'étais jadis, et que j'ai survécu à tous mes amis, si je sens encore que j'existe, c'est par les souvenirs mélancoliques et doux qui me les représentent.

Un autre personnage de la cour de Lunéville a mis souvent aussi beaucoup de zèle à me servir. Le jésuite Menoux, supérieur du séminaire de Nancy, prédicateur ordinaire et confesseur de Stanislas, avait obtenu la confiance entière de ce prince. Il possédait cet esprit d'intrigue, orné, profond et délié, auquel son ordre attachait tant de prix; ennemi perfide, irréconciliable, il était en même temps ami très-dévoué. Il se montrait même toujours humain et serviable envers ceux qu'il n'aimait ni ne haïssait. Je fus du nombre de ceux qu'il aima, et il me le prouva dans maintes circonstances.

Mais, ce père Menoux détestait le comte de Tressan, parce qu'il était jaloux de l'attachement sincère que le roi lui témoignait et qu'il redoutait son influence. Par ses mœurs et la régularité de sa conduite, le comte ne laissait à la malignité aucune prise sur lui. Toute l'adresse du jésuite échouait donc, et il désespérait de découvrir un endroit faible dans l'homme dont il méditait la perte, quand enfin il songe que Stanislas est pieux, et que de Tressan, disciple de Fontenelle et de Voltaire, professe des principes de philosophie. Ces principes ne vont pas jusqu'à l'irréligion; mais qu'importe! ils sont un point fixe qu'il est facile de charger, dans l'ombre, de noires couleurs. C'est donc sur ce point que le père Menoux dirige ses traits. Des discours que le comte a prononcés lors de la fondation de l'académie de Nancy, à laquelle il avait particulièrement contribué, fournissent, à ce haineux jésuite, un prétexte pour l'accuser de s'y être montré excessivement hardi dans ses opinions, et le voilà répétant si souvent, dans le secret de la confession, que le comte de Tressan partage les opinions, subversives de tout culte et de tout ordre social, que les sophistes modernes répandent avec une audace trop impunie, qu'il finit par inquiéter la conscience de son royal pénitent. Mais cette impression ne tarde pas à s'affaiblir. L'amitié, chez Stanislas, est à l'épreuve des calomnies et des perfidies de cour, et tout le fruit que le jésuite retire de ses efforts, pour faire disgracier de Tressan, se réduit à quelques reproches très-modérés que lui adresse le roi.

« Sire, lui répond le comte, j'ai vécu et je mourrai fidèle au culte de mes pères; j'abhorre toute maxime impie. Mais, je supplie Votre Majesté de se ressouvenir, qu'il y avait trois mille moines à la procession de la ligue et pas un philosophe. »

Onques, depuis, il ne fut question de cette affaire, entre Stanislas et le comte de Tressan, et le pauvre père Menoux, bien désappointé, fut obligé de continuer à être témoin de la faveur de l'homme qu'il craignait tant, et qui n'eut jamais la pensée de lui nuire.

Je retrouvai, à la cour de Stanislas, un homme de lettres que j'avais déjà beaucoup connu à Nancy chez mes parens, avec lesquels il était très-lié, et qui avait pris un intérêt particulier à mon instruction. C'était le chevalier de Solignac, secrétaire-général de la Lorraine, et secrétaire-perpétuel de l'académie de Nancy. Né à Montpellier d'une famille distinguée, il était venu très-jeune à Paris, s'était fait connaître à la cour, et avait été chargé, par elle, d'une mission très-honorable en Pologne. Là, il avait eu occasion d'être remarqué par Stanislas. Ce prince aimant s'y était attaché, lui avait proposé d'accepter le titre de son secrétaire, *afin*, disait-il, *d'avoir toujours près de lui son ami*. Touché profondément d'être l'objet d'une amitié si honorable, Solignac avait mis son bonheur à consacrer sa vie à ce bon prince, l'avait suivi constamment dans ses jours de revers comme dans ses jours de prospérité, et s'était fixé près de lui en Lorraine.

Après ses longues fatigues, il goûtait, tantôt à Nancy, tantôt à Lunéville, le plus heureux loisir philosophique et littéraire. Son esprit délicat et fin, ses talens aimables, la variété de ses connaissances, la pureté de ses mœurs, son exacte probité, la douceur de son caractère, sa bonté habituelle, son empressement et son zèle à recommander au roi les personnes, dignes d'être encouragées, protégées ou secourues, le faisaient respecter et chérir dans toute la province, et rechercher par la meilleure société. Cet intéressant vieillard se plaisait à se mettre à la portée de ma jeune intelligence, et ses entretiens, gracieux et profitables à la fois, étaient mes plus agréables récréations (1).

Je me fis aussi un autre ami à la cour de Lunéville; mais, celui-ci ne me fut d'aucune utilité, ni pour mon instruction, ni pour ma fortune; il ne servit qu'à mon amusement, ca souvent j'ai employé des matinées entières à jouer avec lui, en lui passant, toutefois, beaucoup de ces caprices, que la force doit pardonner à la faiblesse.

Ce personnage était Nicolas Ferry, connu

---

(1) On doit au chevalier de Solignac, une *Histoire de Pologne*, ouvrage bien écrit, d'un style quelque fois trop oratoire, et qu'il n'a pas eu le temps d'achever; un *Éloge historique du roi Stanislas*, production dictée autant par le cœur que par l'esprit; *la Saxe galante*, à laquelle des anecdotes peu connues méritèrent beaucoup de succès; *les Amours d'Horace*; des *Quatrains sur l'éducation*, différens morceaux de littérature dans les Mémoires de l'Académie de Nancy, entre autres quelques éloges dont le style est élégant et facile, à quelques endroits près, où l'auteur prend un ton précieux et recherché.

sous le nom de *Bébé*, nain de Stanislas, dont le pendant serait difficile à trouver. Bébé était né dans les Vosges, le 19 novembre 1741, et mourut le 14 juin 1764. Un sabot, à moitié rempli de laine, lui servit de berceau. Il n'eut jamais plus de vingt-huit pouces de taille, et ne pesait guère que douze livres à dix ans, et que quinze à l'âge de vingt. Sa personne était bien proportionnée : une figure agréable, de beaux yeux, un teint blanc, annonçaient en lui le fils de l'amour et des grâces. Quelquefois on le cachait dans un pâté; il en sortait lestement à l'ouverture, courait sur la table, s'asseyait sur une bouteille comme sur une borne, et caressait tout le monde.

On lui avait construit, dans une salle, une petite maison, composée de plusieurs pièces; il s'y plaisait, parce que sa taille exiguë ne donnait qu'à lui le privilége d'y entrer. On la nettoyait et l'on faisait le lit du maître, en enlevant la toiture, comme on enlève le couvercle d'une boîte.

Bébé était excessif dans la joie comme dans la colère, dansait très-bien, mais avait un esprit très-borné. La nature proportionna la durée de son existence à la petitesse de son individu. Dès l'âge de quatorze ans, les rides sillonnèrent son front. Une gouvernante, trop curieuse de connaître ses facultés érotiques, fit avancer sa vieillesse : à vingt-deux ans il était caduc ; il mourut à vingt-trois !

CHAPITRE XVI.

Portrait du meilleur des maris. — Caractère aussi heureux qu'original. — Femme digne de servir de modèle à son sexe. — Les conquérans ne triomphent pas toujours.

Les personnages dont je viens de parler, étaient de bons amis; toutefois je ne leur inspirais pas la chaleur de sentiment, l'espèce d'admiration qu'avait conçues pour moi le comte de Bélancour, lieutenant-général des armées du roi. Il était le plus fidèle des courtisans de Stanislas, mais c'est en bonne part qu'il faut prendre ce mot de courtisan, relativement à M. de Bélancour. En lui, rien n'était intéressé ni servile, tout respirait la franchise, le dévouement, l'enthousiasme.

Depuis un an, il avait uni sa destinée à celle d'une jeune femme charmante dont il aurait pu être l'aïeul. Cette considération réveilla toutes les fibres qui, dans mon individu, tendaient à aimer. Je fis dès lors des frais extraordinaires d'amabilité, pour m'insinuer dans les bonnes grâces de ce mari suranné, et le succès le plus complet couronna mes efforts.

Esquissons le portrait de mon nouvel ami. Qu'on se figure un homme de soixante ans, replet, rond et court, cependant actif, robuste, et d'une santé à toute épreuve; une face rubiconde, de petits yeux gris, visant innocemment à la finesse, et ombragés par d'épais sourcils roussâtres, qui produisent le plus agréable effet sous un front chauve; une grande bouche, qui rit presque toujours; un menton en raccourci, mais très-barbu; un cou dont la longueur semble former le tiers de la hauteur du personnage, et qui au-dessus de deux larges épaules, en éloigne tellement la tête, qu'on serait tenté de croire qu'elle n'appartient pas au corps qui la supporte. Ajoutez à ces dons enchanteurs, de grosses cuisses et de petites jambes, et vous aurez une idée parfaite de M. de Bélançour.

Quant au moral, aucun homme ne fut mieux partagé que lui, pour cheminer d'une manière constamment heureuse dans les sentiers de la vie. M. de Bélancour avait fait la guerre en excellent officier. Peut-être se serait-il mal acquitté du commandement en chef d'une armée; mais il s'était battu avec une rare vaillance. A la guerre d'Italie, en 1734, il avait été fait colonel sur le champ de bataille. Pendant celle qui eut lieu pour la succession de l'Autriche, en 1741, trois chevaux avaient été tués sous lui. A la bataille d'Ettingen, un coup de sabre à la joue droite, lui avait fait une large estafilade, dont la citatrice ajoutait merveilleusement aux charmes de sa figure. A Fontenoy, en se précipitant au devant du maréchal de Saxe, afin de parer les coups qu'on allait porter à ce général, il avait reçu trois autres blessures, dont la récompense fut son élévation au grade de lieutenant général. Enfin, à la bataille de Lawfeld, une maudite balle était venue se loger précisément à la même place où avait été atteint si malencontreusement le belliqueux Tobie, oncle de Tristram Shandy, lorsqu'il faisait le siège de Namur, c'est-à-dire dans l'aisne; à la différence pourtant que l'oncle Tobie passa le reste de sa martiale existence à souffrir, et que M. de Bélancour obtint une complète guérison, moyennant quelques petits sacrifices que tout homme ne fait qu'à regret, et qu'il a grand soin de taire, surtout au beau sexe. Ce fut à cette balle si funeste à sa postérité, qu'il dut le cordon rouge, lors de la paix d'Aix-la-Chapelle, en 1748.

M. de Bélancour était donc un brave homme qui avait dignement rempli sa tâche, et bien mérité de son roi et de ses concitoyens. Une qualité rare chez les vieux militaires le distinguait. Il ne parlait jamais de ses combats. Le silence qu'il gardait sur ce point ne résultait ni d'une modestie réelle, ni d'une modestie calculée; il était l'effet de la persuasion naïve d'un homme sans fard et sans ostentation, qui ne considérait que comme un devoir, dont il ne pouvait s'écarter sans crime, le dévoûment à toutes les chances périlleuses des fonctions qu'il avait juré de remplir. Il ne se doutait pas qu'on pût songer à chercher dans cette conduite des motifs d'éloges.

Les qualités qui caractérisaient surtout M. de Bélancour étaient une gaîté imperturbable, et un air de satisfaction continuelle, imprimé sur toute sa personne. Dans un cercle, sa gaîté devenait quelquefois si embarrassante pour les oreilles délicates, que les douairières les plus expérimentées en étaient elles-mêmes décontenancées; et il riait, le premier, et souvent tout seul, de ses quolibets, de ses gros bons mots.

La nature avait formé cet honnête homme d'une de ces bonnes pâtes qui ne se font jamais d'ennemis, qui approuvent tout, admirent tout et s'amusent de tout. A la cour, à la ville, à la campagne, dans un salon, au jeu, à table, à la promenade, au bal, à l'église, avec des savans, des beaux-esprits ou des sots, des vieillards, des jeunes gens, des enfans ou des femmes, ses traits ne cessaient d'annoncer le contentement, et quand il les quittait, il s'extasiait toujours sur le plaisir qu'il avait eu. Qu'il comprît ou non ce que l'on disait, il y applaudissait de tout son cœur; on lui faisait croire les fagots les plus ridicules; et si, par hasard, il s'apercevait qu'on se moquait de lui, on l'entendait partir d'un grand éclat de rire, comme s'il eût été question d'un autre.

Ce bon M. de Bélancour était aussi doué de la plus précieuse des qualités maritales. Sa confiance dans la fidélité de sa femme était sans bornes; elle l'eût traité comme on traite tant de maris, que cela n'eût pas détruit la persuasion qu'il en était adoré.

Quand, par miracle, il avait essayé d'user des droits de l'hyménée, il informait le lendemain, de cette bonne nouvelle, toutes ses connaissances. C'était la première chose dont il entretenait le roi, en se présentant devant lui. « Sire, j'ai l'honneur de faire part à Votre Majesté, disait-il, que probablement, dans neuf mois, j'aurai un héritier direct, et vous, Sire, un admirateur zélé de plus... Madame de Bélancour y a mis une bonté, une grâce !... Mais que Votre Majesté soit convaincue que je ne suis pas indiscret; l'amour inconcevable, dont cette femme céleste me donne de si charmantes preuves, ne me portera jamais à en abuser; elle m'est trop chère pour ne pas la ménager. »

Il la ménageait si bien, en effet, que si elle eût eu quelque indisposition, on eût pu, sans calomnie, n'en point attribuer la cause aux essais conjugaux de son tendre époux.

Quoi qu'il en fût, le petit héritier n'arrivait pas. Chaque jour, avec la plus vive sollicitude, M. de Bélancour faisait mille questions sur les maux de cœur et autres symptômes de grossesse; venait ensuite la certitude qu'aucun de ces symptômes ne pouvait se manifester. « Cela est bien singulier ! répétait alors ce brave homme, cependant je n'y renonce pas encore; une autre fois, sans doute, je serai plus heureux. »

Un mari d'une trempe si bénévole méritait bien qu'une âme charitable prît le soin d'accomplir le vœu qui lui était si cher.

J'avais acquis assez d'expérience pour connaître le moyen de parvenir à jouer le rôle de cette âme charitable; je savais que si l'on voulait se ménager un accès libre chez une femme, il fallait viser d'abord à inspirer une sorte d'engouement au mari. Ainsi, vous devenez l'ami de la maison; ce titre et celui d'amant de la dame se suivent de près. Heureusement il n'était pas nécessaire de faire beaucoup de frais pour plaire à M. de Bélancour. Je m'étudiai donc à rire, aussi fort que lui, de ses quolibets, de ses *rébus*; mais la tâche finissait par devenir fatigante, car mes éclats de rire en excitaient de nouveaux, et si je prétendais lui faire raison de tous, c'était à n'en plus finir; je courrais grandement le risque de rompre quelque vaisseau dans ma poitrine.

Je n'évitais cet accident qu'en interrompant les marques d'une hilarité si convulsive, par des espiègleries que semblaient inspirer les prétendus bons mots que le cher homme avait débités. Alors je pouvais reprendre haleine, me reposer et le laisser rire tout seul; il s'en acquittait trop bien pour avoir besoin qu'on l'aidât.

Ses petits yeux pleuraient, il trépignait de joie, son ventre se trémoussait, et il s'écriait enchanté : « A-t-il de l'esprit? en a-t-il?..... L'espiègle ira loin; je le prédis et je m'y connais. Je suis physionomiste. »

Un beau jour, il arrive chez moi dès le matin.

— « Mon cher Gustave, je veux te présenter aujourd'hui même à madame de Bélancour, et te faire dîner avec elle.

— « Vous daignez, Monsieur, prévenir la demande que je m'étais proposé de vous faire.

— « Madame de Bélancour est naturellement un peu mélancolique ; ta gaîté la déridera, et je suis sûr qu'elle passera avec toi des momens fort agréables.

— « Monsieur, répondis-je, avec une feinte modestie et une timidité étudiée, je ferai tout ce qui dépendra de moi pour ne pas tromper votre attente.

— « Tu sais comme elle est belle, mon Hortense ; tu verras, mon ami, comme elle est spirituelle, bonne, aimable.

— « J'ai cru m'apercevoir de tout cela, M. le comte.

— « Je le pense ; mais combien l'opinion que tu as pu te former de ses perfections infinies est loin de la vérité..... Ce n'est rien, Gustave, de la voir dans un cercle, là elle se montre toujours si réservée ; chez elle, elle t'enchantera !..... Si tu savais, mon jeune ami... si tu savais !... Je pourrais te dire des choses...

— « Je les devine toutes, Monsieur.

— « C'est possible. Fripon ! tu as une pénétration prodigieuse pour ton âge ; aussi j'ai autant de confiance en toi, que si tu étais mûri par les années, et j'ai raison ; je suis physionomiste...

— « Vous me flattez, Monsieur...

— « Non, non, tu as une de ces figures heureuses qu'on ne rencontre pas souvent. Tu me plais beaucoup, et je suis sûr que ma femme...... A onze heures ; je t'attends au château.

— « Je serai exact au rendez-vous. »

M. de Bélancour me donne, en souriant, deux légers coups de sa main sur les joues, et s'éloigne très-content de lui ; moi, je l'aurais embrassé de grand cœur, si j'avais osé. J'étais si impatient d'être présenté à madame de Bélancour, que, sans m'en douter, je devançai d'une heure celle que son mari m'avait assignée.

« Eh bien ! mon cher Gustave, me dit le bénévole époux, tu jouiras une heure plus tôt de la société de ma femme. Je vais d'abord te conduire près d'elle ; je vous laisserai ensemble ; puis, en attendant le dîner, j'irai terminer une affaire importante que je ne puis remettre. »

Parfaitement imaginé, pensais-je. Excellent mari! En vérité, il me donne trop beau jeu.

Nous partons l'un et l'autre fort satisfaits, lui de l'agréable compagnie qu'il va procurer à sa douce moitié; moi d'obtenir si facilement un tête-à-tête, duquel, j'ai la fatuité de le croire, doit dépendre un galant succès.

En quelques minutes nous sommes arrivés; mais quel changement s'opère tout-à-coup en moi! En entrant dans le salon, à l'aspect de madame de Bélancour, je ne sais par quelle fatalité je ne me sens plus cette assurance acquise à Paris auprès des femmes, et dont j'ai naguère fait preuve avec madame de Mirval.

Hortense de Bélancour n'a que dix-sept ans, belle à ravir, tout dans son attitude, dans ses gestes est attrayant; sur sa physionomie se peint le plus heureux mélange d'esprit et de grâce, de finesse et de candeur, de noblesse et de sensibilité; en elle semblent réunies Diane et Vénus, Minerve et la jeune Hébé. Il est impossible de voir des yeux d'une expression plus vive et plus douce, plus tendre et plus chaste.

Plusieurs fois je me suis aperçu, au cercle de la cour, que ces yeux-là me regardaient avec un intérêt particulier, et pourtant cette remarque, sur laquelle mon amour-propre a fondé quelque espérance, n'a pas le privilége de me faire surmonter l'inconcevable timidité qui s'est emparée de moi, devant cette femme que j'ai eu la témérité d'inscrire d'avance sur la liste de mes conquêtes. Pourquoi donc suis-je si mal à propos tremblant, interdit? C'est que la personne de madame de Bélancour, tout en électrisant les sens, en les entraînant à la volupté, impose, commande le respect, et que ce n'est qu'à travers le voile d'une pudeur divine que la séduction émane de ses appas.

Ainsi donc, après m'être dit à moi-même, avec une confiance extrême en mon propre mérite, je serai hardi comme un page, entreprenant comme le héros de ruelles le plus déterminé; je me surprends beaucoup plus craintif, beaucoup plus embarrassé qu'un écolier.

«Madame, dit M. de Bélancour, permettez que je vous présente mon nouvel ami, M. le marquis de Lénoncourt; de tous les jeunes gens de son âge, c'est celui que je crois le plus digne de votre estime; je n'en ai pas encore vu , et je suis physionomiste, dont l'esprit, la gaîté soient plus aimables. Je désire qu'il vous plaise comme il me plaît, qu'il vous voie souvent, tous les jours; en un mot, qu'il soit de la maison : vous comprenez... Je vous réponds qu'il vous distraira, qu'il vous conviendra même, je m'y connais... Je serais enchanté, Madame, qu'il parvînt à dissiper la mélancolie que je remarque en vous et qui m'afflige sincèrement. »

Pendant cette belle harangue, j'étais resté aussi droit, aussi muet qu'un terme, il s'en fallait peu que je ne tremblasse. Madame de Bélancour avait rougi à mon arrivée; sa rougeur me paraissait assez encourageante; mais la dignité de son maintien continuait à m'intimider prodigieusement.

Après m'avoir invité à m'asseoir, elle me fait, avec un peu d'embarras, les complimens d'usage. En réponse, je balbutie des mots sans suite, qui font partir M. de Bélancour d'un grand éclat de rire.

« Tu ne sais ce que tu dis, mon cher Gustave, s'écrie-t-il, que signifie cet embarras? Madame n'a pas l'habitude d'intimider, mais de plaire; tu peux t'en rapporter à moi, je m'y connais, je suis physionomiste.

— » Madame, répondis-je en baissant les yeux, prouve que les grâces peuvent être imposantes.

— » Heim! heim! comment trouvez-vous celui-là, Madame? la repartie est galante, délicate..... je n'aurais pas mieux dit, moi, qui m'en pique, s'écrie d'un air radieux M. de Bélancour. Vous voyez, Hortense, que Gustave a de l'esprit, je m'y connais. Mais le plaisir que je trouve près de vous, mes petits amours, me fait oublier l'affaire qui m'appelle dehors. Je vous laisse ensemble... égaye ma femme, mon cher Gustave, amuse-la bien; tu as tout ce qu'il faut pour cela..... Vous, Madame, encouragez-le; c'est encore bien jeune, il sera peut-être un peu timide; mais je compte sur vous pour le mettre à son aise : allons, allons, vous vous conviendrez, j'en suis sûr, je suis physionomiste ; ne vous ennuyez pas en mon absence... Je reviendrai ponctuellement à l'heure du dîner. »

Il sort en courant, en riant et en se frottant les mains.

Me voilà seul avec madame de Bélancour, je vais jouir d'un tête-à-tête que j'ai ardemment desiré. Une heure avant de l'obtenir je me promettais d'en tirer un parti merveilleux ; maintenant il ne me vient pas un mot pour ouvrir la conversation ; je suis d'une gaucherie qui me désole ; et plus je m'en aperçois, plus cette gaucherie augmente.

La jeune dame a devant elle un tambour à broder. Ce tambour lui assure du moins une contenance ; tandis que moi, dans un fauteuil en face de cette noble beauté, je ne sais que faire de mes mains, de mes bras, de mon corps, de mes pieds. Enfin toute ma personne ressemble assez à celle d'un sot.

Elle pique, de son aiguille à crochet, le tafetas tendu, et crée de jolies fleurs. Ses yeux sont baissés ; sa respiration me paraît contrainte, et sa main un peu tremblante. Mais rien n'est plus naturel que cette situation : la femme la plus honnête, en face d'un grand niais qui ne profère pas une parole quand il serait à propos qu'il parlât, n'est-elle pas toujours contrariée?

Enfin, reconnaissant que je ne parviendrai point à rompre le silence pénible que je garde, si elle ne prend pitié de ma situation, si elle ne suit le conseil de son mari en m'encourageant, madame de Bélancour se résigne à commencer.

« Vous avez fait, Monsieur, me dit-elle, la conquête de M. de Bélancour. Je n'en suis pas surprise, il est connaisseur. »

— Et physionomiste, pensais-je en rougissant, croyant que madame de Bélancour répétait pour se moquer de moi la phrase favorite de son mari. Il fallait répondre pourtant; je ne trouvais rien de mieux que ces mots que je prononçai d'une manière presque inintelligible :

— « M. de Bélancour, Madame, a beaucoup d'indulgence : voilà mon seul titre à l'intérêt qu'il daigne me témoigner. »

Ici le dialogue cesse, ma gêne recommence. Après quelques minutes de suspension, mon amour-propre cependant prend le dessus : honteux de moi-même, je fais un effort héroïque pour vaincre ma timidité; je me retrace mes derniers exploits; mais, quand une femme que vous désirez devient trop imposante, tout ce que vous pouvez lui dire est guindé; le sentiment n'ose se manifester, et l'on tombe ou dans l'afféterie, ou dans la niaiserie. Tel est exactement ce que j'éprouvai en prenant la broderie de madame de Bélancour pour sujet d'une fadeur passablement ridicule que je lui adressai.

« Les fleurs que vos doigts font éclore, madame, sont plus fraîches que celles des parterres de Flore....

—» Je devine, Monsieur, que vous concluez qu'on ne peut les comparer qu'à moi-même. »

En me faisant cette réponse, un souris malin m'apprend quel prix elle attache à une platitude alambiquée.

— « Il suffit de vous voir, repris-je, pour que cette comparaison paraisse très-juste.

—» Votre intention, je n'en doute pas, a été de me faire un joli compliment.

—» Un compliment!... Mais, rien ne me

paraît plus naturel que de comparer une fleur à une fleur.

— » Sans doute, mais comparer une femme à une mauvaise broderie ! Êtes-vous bien sûr que cela soit du naturel ?

— » Madame.... »

Je ne puis ajouter une syllabe à ce mot de *madame ;* mon embarras, je dirai plus, mon air bête, s'accroît de moment en moment.

« Je vous prie, Monsieur, continue madame de Bélancour, de ne pas être surpris si je vous avoue que les phrases charmantes et flatteuses que la galanterie a mises en usage, sont une langue inintelligible pour moi.

— » Je le reconnais, Madame, le langage qu'inspire une femme telle que vous, ne peut être que celui du cœur.

— » Mais, le cœur ne vise point à la recherche des expressions. Je suis persuadée que vous savez mieux que personne qu'un mot simple, mais senti, coulant comme de source, exprimé sans prétention, intéresse plus que tous les faux brillans dont l'esprit est prodigue. »

Par un regard qui exprime un tendre sentiment de bienveillance, la belle prêcheuse a su adoucir le piquant de sa critique, je n'en suis pas moins encore très-déconcerté d'une leçon à laquelle j'étais loin de m'attendre. Cependant, je fais un effort sur moi-même, et ne tarde pas à me remettre; mon humiliation même contribue à me rendre de l'assurance.

— «Ce que vous venez de me dire, Madame, me prouve combien j'étais dans l'erreur, en croyant que de fades lieux communs de galanterie, que les hommes les plus médiocres savent par cœur, réussissaient également avec toutes les femmes.

—» Je suis convaincue, Monsieur, que vous possédez les qualités nécessaires pour dédaigner de pareilles ressources.

—» Je n'oublierai jamais cet entretien, Madame, il m'a donné l'assurance que la plus aimable des femmes serait le meilleur de tous les guides.

—» Je n'ai pas la prétention de m'ériger en mentor; je me borne à vous faire observer qu'il suffit d'être doué de quelque justesse dans les idées, pour sentir que le cœur et la raison doivent être les seuls principes de ce que l'on dit et de ce que l'on écrit ; l'esprit n'est ensuite qu'un ornement subordonné.

—» Oui, Madame, vos observations ont une justesse qui m'a subitement éclairé. Je sens maintenant, que, privé de l'appui des deux principes féconds dont vous parlez, tout ce que l'esprit enfante n'est que faux ou frivole. »

Notre conversation continua sur ce ton. Je ne crains pas de dire qu'elle fit faire à mon jugement et à mon goût, plus de progrès en une heure, que je n'en aurais obtenu, en deux à trois ans, des préceptes des plus savans pédagogues, ou dans une intimité étroite, avec les femmes à la mode, auxquelles des essaims de légers étourneaux rendent une espèce de culte.

Il n'y a pas d'homme qui n'ait rencontré, pendant sa vie, au moins une circonstance, qui, dans l'espace de quelques minutes, ne lui ait appris qu'une grande partie de ce qui l'avait souvent inspiré, dirigé, ébloui, n'était qu'absurde et ridicule. Mais, pour que cette révolution morale et soudaine ait lieu, il faut que l'esprit ne soit pas vicié par de fausses théories et par les fausses lueurs qu'accrédite le mauvais goût; que l'amour-propre ne soit pas gonflé par le souffle de la sotte vanité; que le cœur ait conservé de la pureté et ne soit point étranger aux tendres émotions. Il faut, surtout, que ces trois moteurs principaux de nos pensées et de nos actions, soient atteints en même temps. L'impression qu'on ressent alors ne s'efface plus.

Tel fut l'effet que produisit mon premier tête-à-tête avec madame de Bélancour. A dater de ce moment, mon imagination commença à se régler dans son essor, ma raison suivit une direction propre à lui donner de la force et de l'autorité sur mes passions; mais cette force et cette autorité échouèrent encore bien souvent; enfin, je ne pris plus des bluettes mensongères pour l'éclat de la vérité.

Le retour du maître de la maison mit fin à cette leçon, que je n'ai jamais oubliée. On annonça que le dîner était servi, et nous allâmes nous mettre à table. Autant le repas fut aimable et gai, autant le reste de la journée me parut long et triste. M. et madame de Bélancour, invités à une soirée d'apparat, me firent de gracieuses excuses en me quittant pour une occupation des plus importantes, celle de leur toilette. Mon ami le physionomiste voulait que j'attendisse dans le salon que madame et monsieur sortissent resplendissans des mains habiles de leurs valet et femme de chambre; mais, quelque envie que j'eusse de passer encore quelques instans avec madame de Bélancour, je pris congé du noble couple.

Ce qui m'y détermina, ce fut la présence obligée du mari, qui devant accompagner madame, ne pouvait plus, ce jour-là, m'offrir l'occasion d'un tête-à-tête. Jamais je n'en éprouvai si impérieusement le desir : que de choses j'aurais dites en ce moment à la femme séduisante dont la seule présence m'avait tant imposé. Les expressions ne m'eussent pas manqué, mon cœur et ma pensée agissaient alors d'intelligence, un torrent de paroles tendres, persuasives pressait mes lèvres de s'ouvrir; l'aspect de M. de Bélancour faisait peser sur elles le doigt glacé du silence... J'étais suffoqué. Je m'inclinai donc profondément, sans toutefois séparer mes regards des charmes qu'ils caressaient furtivement sous les yeux même de l'homme qu'un sacrement, qu'un anneau brisé en avaient rendu maître; et je quittai l'hôtel en maudissant les tyranniques devoirs que la société nous impose, et les soirées d'apparat où l'hypocrisie, l'envie, la médisance échauffent tous les esprits, se mêlent à toutes les conversations, où la grimacière étiquette consigne le plaisir à la porte, où, sous mille formes différentes, l'ennui mal déguisé croit circuler *incognito*.

CHAPITRE XVII.

Désappointement. — Coup inattendu. — Mon désespoir. — Je m'accuse.

J'ATTENDIS avec impatience l'heure de me présenter, le lendemain, chez madame de Bélancour; en cédant au désir qu'avait manifesté son mari, j'obéissais au penchant irrésistible qui m'attirait près d'elle. Je mis les jours suivans le même empressement à lui rendre mes hommages. Ces visites furent d'abord excessivement respectueuses, je souffrais du ton de réserve que j'étais contraint de garder; mais madame de Bélancour, sans cesser d'être aimable, enchaînait ma langue, paralysait mes actions, dès qu'elles devaient servir d'interprètes au désordre passionné qui dominait mes sens.

Chaque fois que je m'éloignais de cette femme si différente de celles que j'avais connues jusqu'alors, je me promettais d'être plus hardi, et toujours quand je la revoyais, le tour qu'elle avait l'art de donner à la conversation, son air d'aisance, son regard doux et sévère en même temps, le peu d'importance qu'elle semblait mettre à mes assiduités, me replaçaient dans la singulière position où je m'étais trouvé la veille, nul embarras n'était comparable au mien; l'aveu de mon amour errait inarticulé sur mes lèvres, mon cœur battait avec force, mon sang bouillonnant gonflait mes veines, et la crainte d'un refus, d'un reproche, l'appréhension d'un sévère regard, me tenaient immobile.

Madame de Bélancour me devinait, aussi ne prenait-elle jamais pour texte de nos entretiens le chapitre que je n'osais entamer, alors, moins craintif, moins compassé, je recouvrais la voix, les gestes; je pouvais faire preuve de cet esprit facile, de cette solide instruction, de cette énergie communicative, que le bon abbé Rigobert et le docte chevalier d'Érigny s'étaient plus à reconnaître en moi.

Persuadé que mon silence même avait divulgué le secret dont l'aveu m'était interdit, et remarquant que madame de Bélancour évitait toujours avec soin de faire naître l'occasion que j'appelais de tous mes vœux, j'affectai, comme elle, de ne chercher dans notre liaison que des rapports qu'elle et moi pussions hautement avouer. Dès ce moment, disparut le cérémonial qu'affectent entre eux les gens que l'intérêt, la politesse, l'indifférence ou l'orgueil font mouvoir, et que nulle intimité ne doit unir étroitement.

Le cœur de madame de Bélancour s'ouvrit sans défiance à l'amitié. Né de l'habitude, le besoin de me voir se fit sentir chez elle presque aussi impérieusement que celui que j'éprouvais de jouir de sa présence. L'avenir m'apparaissait riche de voluptés ; je m'applaudissais de ma longue réserve, de ma courageuse persévérance : Hortense me traitait comme un frère ; pour ne pas l'effrayer, je protestais ne l'aimer que comme une sœur. Une mensongère sécurité la rendait heureuse. Moi je buvais à longs traits dans la coupe embaumée de l'espérance, et M. de Bélancour, toujours riant, chantant, gesticulant, était aux anges. « J'ai pourtant prévu tout cela, répétait-il, selon sa vieille habitude ; ils se conviennent ; ils sont au mieux, ma femme ne s'ennuie plus ; plus de vapeurs, plus de bâillemens, de maux de nerfs ; je l'aurais parié ; je m'y connais, je suis physionomiste ! »

Cet excellent mari, ce mari modèle, car c'est le seul que j'ai connu d'un caractère si ouvert, si bon, si confiant ; cet homme, qu'il eût été si facile de tromper, avait rencontré la femme la plus digne de l'entière et dangereuse liberté qu'on lui laissait.

Malgré l'énorme disproportion d'âge qui existait entre les deux époux ; malgré la singularité des manières, l'esprit lourd, étroit, de M. de Bélancour, malgré surtout sa grotesque tournure, l'ensemble bizarre de sa personne, dont chaque partie semblait être empruntée à un corps étranger, pour composer une de ces figures dont le type n'existe, je crois, que dans les caricatures plaisantes des songes drôlatiques de Rabelais ; sa jeune et belle moitié, aussi accomplie qu'il était *imparfait*, gardant rigoureusement la foi jurée, déjouait tous mes projets, renversait toutes mes espérances. Je ne savais quel parti me restait à prendre, quelle opinion je devais avoir de cette femme pour moi incompréhensible.

Parfois son cœur semblait répondre au mien; ivre de joie et d'amour, je sollicitais un gage de sa tendresse, aussitôt un refus prononcé, avec une effrayante gravité, glaçait mes sens; je devenais triste, rêveur..... un aimable sourire, une innocente caresse, ranimaient mon ardeur; une tentative nouvelle était suivie d'une défense plus impérative encore que la première; je dois l'avouer, je fus amené, par madame de Bélancour, à reconnaître, pour la première fois, ce que depuis j'ai vérifié souvent, qu'il est des femmes capables de sacrifier les plus profondes affections à leurs devoirs.

Hortense, malgré son adresse, sa prudente réserve, n'avait pu arrêter les aveux si long-temps différés; elle connaissait tout l'empire des sentimens qu'elle avait fait naître en moi; j'étais même persuadé qu'elle n'y était pas insensible, car mes soupirs appelaient les siens; elle écoutait mes plaintes avec une émotion qui se trahissait fort souvent.

Bientôt enfin, Hortense ne me dissimula plus le tendre intérêt, le vif attachement que je lui avais inspiré; mais l'accent d'une sensibilité pleine de candeur et de sécurité me disait en même temps : Ces sentimens, que j'ose avouer, parleront moins haut que le devoir.

Un soir pourtant, je crus que l'heure du berger sonnait pour moi, et que je devais user des moyens qui m'avaient déjà réussi.

Madame de Bélancour achevait une plaintive romance parfaitement de situation. Ce chant d'amour, de légers serremens de mains, et des regards d'une éloquence pénétrante, nous avaient graduellement préparés à l'abandon de la tendresse et de la volupté; ne me possédant plus, je me rends coupable d'un doux larcin, mes bras nerveux étreignent sa taille enchanteresse; elle résiste, elle veut fuir; je l'arrête, et, tout délirant, je tombe à ses genoux.

« Hortense! m'écriai-je, ne consentirez-vous donc jamais à faire mon bonheur!...

— « Que je fasse votre bonheur, dit-elle, sans déguiser le trouble qu'elle éprouve, mais, unissant au sentiment le ton de la dignité : Ah! Gustave! Gustave! que me demandez-vous? Mon ami, la destination de votre âme et de la mienne, je me plais à le penser, est de s'élever jusqu'au principe de ce qui est louable, de ce qui est beau, de ce qui est grand. Or, comment serait-il en notre pouvoir d'atteindre à cette élévation, si nous ne jouissons l'un et l'autre de notre propre estime?

— » Eh quoi! céder au penchant le plus doux, à l'amour le plus pur...

— » Gustave, ce penchant si doux, cet amour si pur sont des guides trompeurs qui conduisent à la perfidie, aux remords et au mépris de soi-même.

— » Vous confondez, Hortense, les effets pénibles et humilians de la corruption avec les impressions sacrées du cœur.

— » On attribue souvent au cœur des impressions auxquelles il est tout-à-fait étranger. Cependant sa faiblesse lui en fait éprouver quelquefois que la raison et la morale condamnent. Ne les combattez pas assez pour les dominer, elles vous dégradent. Si je faisais ce que vous appelez votre bonheur, je m'avilirais et ne vous rendrais pas heureux.

— » Que dites-vous, Hortense ?

— » Croyez-vous, mon ami, que le bonheur consiste dans le délire momentané du plaisir ? L'amour peut abreuver ses favoris d'un nectar délicieux; mais l'ivresse qu'il produit se dissipe rapidement; il ne reste alors que de vagues désirs, une froide monotonie, des regrets ou un ennui pénible. Dites-moi, Gustave, est-ce là le bonheur ?

— » Il peut en être ainsi pour le commun des mortels, mais des âmes comme les nôtres, élevées au-dessus des préjugés vulgaires...

— » Gustave, quel langage ?... La foi jurée, la probité, l'honneur, la délicatesse de sentiment, des préjugés ! Ah ! mon ami, le penser serait se mettre dans la position du voyageur qui, durant une nuit orageuse, n'a d'autres guides que des éclairs auxquels succède bientôt la plus dangereuse obscurité. Tel est l'effet du plaisir que faussement vous nommez le bonheur.

— » Hortense, ces comparaisons, à force d'être rigoureuses, perdent beaucoup de leur justesse...

— » Croyez, mon cher Gustave, que sur l'objet dont il s'agit, les mécomptes font le tourment de notre existence. Ne nous méprenons pas relativement à la valeur des mots et des choses, ne cherchons point le bonheur où il ne peut se trouver, et nous ne prendrons pas pour des couronnes d'immortelles des couronnes de roses qui, à peine tressées, se flétriraient. Gustave, je ne crains pas d'en convenir, je me plais à vous voir, votre présence est même un besoin pour moi; je vous aime plus que je ne devrais, plus que je ne voudrais vous aimer, cependant je vous le jure, M. de Bélancour ne sera jamais trompé dans la noble confiance qu'il a placée en moi. »

Cet arrêt, prononcé d'un ton à la fois héroïque, plein de grâce et de sensibilité, exprimait des sentimens qui semblaient inconciliables les uns avec les autres; mais madame de Bélancour avait le merveilleux privilége de les allier d'une manière aussi naturelle qu'imposante.

Vainement ce jour-là j'épuisai ma rhétorique sentimentale et la chaleur de mes transports; vainement je tentai d'affaiblir sa résolution, de tirer parti de ses dispositions aimantes, de l'agitation de ses sens; elle fut inébranlable, et détruisit toutes les espérances que ma fatuité m'avait fait concevoir.

Mon amour-propre fut irrité d'une conduite qui l'humiliait; il s'obstina, me fit faire de nouvelles tentatives près de cette femme qui se montrait si supérieure à moi; mais elles ne réussirent pas mieux que la première; enfin, par une persuasion attrayante, irrésistible, Hortense m'amena par degrés, non-seulement à me résigner, mais à trouver un charme indéfinissable, je ne dirai pas dans l'amour platonique, mais dans un sentiment qui, n'étant pas de l'amour, est plus tendre, plus vif que la simple amitié, et qui, entre deux personnes de sexe différent, forme un lien aussi délicieux, aussi pur que celui dont les anges sont unis dans le ciel.

Pendant nos entretiens, on eût dit que cette femme adorable participait de la nature de ces intelligences parfaites envoyées par le père de toutes les vertus, par le bienfaiteur universel, pour nous rendre meilleurs.

Je m'apercevais pourtant que des combats intérieurs se renouvelaient souvent entre sa vertu et ses désirs, entre la partie céleste et la partie terrestre de son être; mais la première triomphait toujours de la seconde. La victoire achetée par beaucoup de peines secrètes, n'en devenait que plus satisfaisante, et la belle âme qui la remportait trouvait sa récompense dans ce plaisir ineffable, que l'auteur de toute vertu fait ressortir de l'accomplissement des devoirs difficiles et des nobles sacrifices.

Peut-être cette observation fera-t-elle sourire ironiquement ceux qui, par les écarts où me précipitent souvent une jeunesse fougueuse, un tempérament de feu, me jugent incapable d'un attachement durable, et ne font conséquemment aucune distinction entre mes sens et mon cœur. Le moment de moraliser leur paraîtra surtout singulièrement choisi, puisque je viens de dire que ma constante étude, mes vœux les plus ardens, tendaient à faire oublier ses devoirs à une femme qui savait les respecter. Eh bien! si l'on sourit ainsi, on aura tort.

En confessant mes erreurs, je n'ai employé aucune réticence : je conviens franchement que, pour plaire et séduire, j'ai mis souvent en jeu tous les ressorts de mon adresse et fait valoir au suprême degré mes avantages naturels, mais c'est précisément ce qui m'a donné le moyen de me convaincre qu'il existe des femmes constamment dignes de nos respects et de notre admiration. Les hommes qui n'ont point acquis cette expérience, ne sont pas doués par la nature de ce tempérament amoureux, de cette exhubérance de ressources physiques, de cette fougue de désirs passionnés qui entraînent vers tous les objets aimables et fait envier leur possession. L'homme ainsi constitué estime les femmes en général, parce qu'en mainte circonstance, il a acquis la preuve qu'elles sont estimables; il n'ose même condamner, et moins encore mépriser, plusieurs de celles qui ont été faibles avec lui, car il sait que leurs faiblesses furent son ouvrage, et que souvent les objets de son culte devinrent ses victimes.

Quant à ce qui me concerne, la vérité

me prescrit de dire que madame de Bélancour m'avait placé, relativement à elle, dans la véritable position où je devais être. Si comme tant d'autres elle eût cédé à mes désirs, il est certain qu'elle eût eu le même sort que mes précédentes conquêtes : d'autres beautés n'auraient pas tardé de la remplacer, et le résultat pour elle n'eût été que des regrets, des remords et la honte de se voir déchue de la haute région morale où elle s'était placée.

Tandis que j'aimais ainsi madame de Bélancour, sans oser espérer qu'elle consentirait jamais à me donner d'autres droits sur elle que ceux de l'amitié, j'étais menacé de chagrins cuisans. J'ai déjà dit que malgré que mon amour pour Augustine s'identifiât avec mon existence, je n'en étais pas moins tout de flamme pour les autres belles. Après chaque infidélité, l'image de cette idole de mon cœur m'apparaissait toujours plus fraîche et plus pure. Versant des larmes de repentir, je lui demandais pardon du crime odieux que j'avais commis; je me prodiguais d'outrageantes épithètes; mais le lendemain mes remords avaient fui, mes belles résolutions étaient oubliées ; je reprenais mon train de vie ordinaire ; le second moi-même, le moi physique, se livrait de plus belle à sa bouillante et volage ardeur ; et l'image d'Augustine restait au fond de mon cœur, enfermée comme l'agneau sans tache dans le tabernacle.

Un matin que cette image chérie était ainsi voilée pour moi, seul avec madame de Bélancour, dans un charmant boudoir où pénétrait, à travers un double tissu de mousseline et de soie, ce demi-jour si favorable aux amans, je répétais, avec un abandon, un entraînement que je ne pouvais maîtriser, les tendres protestations qu'Hortense avait cent fois entendues.

Dans ses yeux attendris, je lisais l'éloquente expression du sentiment qu'elle s'efforçait d'étouffer, et ses regards semblaient me dire : Je t'aime, Gustave, de toute la puissance de mon âme..... ton bonheur me rendrait heureuse, si un devoir sacré ne m'empêchait de me donner à toi.

Quelle situation était la mienne ! Hortense

partageait mon amour; mais Hortense, liée par un serment solennel, comprimait les élans de son cœur. Sûre de l'empire de sa raison, de l'ascendant de sa vertu, elle s'exposait volontairement aux dangers d'une séduction, à laquelle elle croyait toujours pouvoir se soustraire.

Assis à ses côtés, sur une ottomane, oubliant et sa défense et mes promesses, je m'étais emparé de ses mains charmantes; j'y imprimais des baisers de feu. Son sein, ému par le désir, s'élevait et s'abaissait avec une agitation toujours croissante, ses joues brillaient d'un vif incarnat; un doux tressaillement, un long soupir me mirent hors de moi. Des mains, des bras où se promenaient délicieusement mes lèvres, j'osai les porter spontanément sur celles qu'elles brûlaient de rencontrer; mais à peine je les effleurai, Hortense détourna rapidement la tête.

«Gustave, me dit-elle sans courroux, encore une tentative aussi contraire à ma volonté, et je romps à jamais avec vous!» Ces mots n'arrivèrent à mon oreille que comme un bruit confus. Je n'étais plus en état de les entendre, de redouter l'effet de la terrible menace de madame de Bélancour. Je la serrais amoureusement sur mon sein; plus elle cherchait les moyens de se dégager, plus elle mettait de vivacité, d'adresse, d'attention à éviter que ma bouche surprît, embrâsât la sienne, plus je devenais téméraire. Ses efforts étaient inouïs, mes progrès inquiétans pour elle. Par un mouvement inattendu, Hortense a conquis du terrain; elle va saisir le cordon d'une sonnette, je m'en aperçois; je l'empêche de l'atteindre. Toujours captive, toujours étroitement pressée, ses forces ne répondent plus à son courage... Hortense prévoit sa défaite; saisie d'effroi, baignée de larmes, elle n'ordonne plus; elle supplie de respecter sa faiblesse, mais je suis sourd à sa prière : trop d'exaltation m'égare.... Dans mon bouillant délire nul obstacle ne m'arrête. Hortense va m'appartenir!... En ce pressant danger, elle recouvre soudain toute sa raison, toute son énergie : en me repoussant violemment, elle s'arrache de mes bras, se précipite vers la porte, elle va l'ouvrir, sortir du boudoir... On frappe, madame de Bélancour jette un cri qui exprime à la fois la joie, la crainte. Je n'ai que le temps de réparer le désordre où je suis. Je m'assieds et feins un calme qui est loin de moi. « Entrez, » dit Hortense, en me regardant avec un air de satisfaction, qui m'atterre et me prouve qu'elle ne s'exposera plus au danger qu'elle vient de courir. Mon domestique se présente.

— « Que voulez-vous ? demandai-je avec humeur.

— » Remettre à Monsieur un paquet de papiers, qu'un paysan vient d'apporter à l'hôtel, en me recommandant expressément de vous le faire parvenir sans retard. C'est, Monsieur, pour une affaire importante et pressée.

— » Donnez, et retirez-vous, ajoutai-je brusquement. »

Il obéit. Je tiens ces papiers maudits, sans que ma curiosité soit excitée; Hortense, seule, m'occupe. Je redoute ses reproches; je n'ose ni bouger, ni lever les yeux sur elle. Madame de Bélancour s'est éloignée de moi en me défendant de me rapprocher d'elle; elle se félicite du contre-temps qui me désespère.

et me prescrit la conduite que je devrai suivre à l'avenir, si je veux que nos relations continuent. Interdit, mais le dépit dans l'âme, je reste dans une parfaite immobilité. Hortense, prenant ce calme absolu pour une marque de repentir, emploie un langage moins sévère; quelques larmes sillonnent mes joues; sa confiance renaît; elle est près de moi; l'amitié va m'offrir de douces consolations; lorsque la vue d'Hortense s'arrête sur le paquet qu'on m'a remis. « Un cachet noir ! s'écrie-t-elle. Gustave, d'où viennent ces papiers ?

— » Je l'ignore, » dis-je aussitôt, et cette remarque me tirant de l'abattement où j'étais, je romps précipitamment l'enveloppe; trois lettres y sont renfermées, que vont-elles me révéler ? A peine ai-je lu quelques lignes de la première que je pâlis; mon sang reflue vers mon cœur et en arrête les mouvemens; je me sens défaillir; mes yeux se ferment, et je tombe dans un évanouissement pareil à la mort.

Pendant cette crise alarmante, je suis l'objet des soins les plus zélés. Je reprends enfin l'usage de mes sens; alors des pleurs abondans achèvent de me soulager et de me rétablir. Hortense me fait une ceinture de son bras blanc et potelé; elle soutient ma tête appuyée sur son épaule; son haleine se confond presque avec la mienne; ses regards, attachés sur mon visage, expriment une inquiétude si vive, si tendre, qu'il est aisé de voir que cette expression éloquente n'est pas seulement celle de l'amitié, et que l'amour qui, dans ce moment, se trahit, y entre aussi pour beaucoup.

Situation ravissante! mais il ne sera plus en mon pouvoir d'en goûter les délices.

Dès que je fus remis entièrement, madame de Bélancour tira d'un secrétaire les lettres fatales qui m'avaient fait tant de mal, et qu'elle avait cru devoir serrer.

— « Voici, me dit-elle, cette correspondance dont l'effet a été sur vous si terrible. Elle contient donc, mon cher Gustave, des nouvelles bien affligeantes? Loin de moi le désir de pénétrer des secrets qu'il ne vous serait pas permis de révéler! Mais si la cause de vos chagrins n'est point de cette nature, en la confiant à la discrétion de votre amie, vous lui fourniriez peut-être un moyen de vous consoler et de vous être utile. Croyez, Gustave, que ce motif seul m'anime, et non une vaine curiosité.

— « Femme généreuse! vous me consoleriez?..... Non! non!... si je parlais, je vous ferais horreur!...

— » Je ne crois pas que Gustave ait jamais le malheur d'inspirer un tel sentiment.

— » L'horreur est une expression trop douce pour caractériser un monstre.

— » Vous m'effrayez, mon ami!...»

Ici mes remords, ma douleur, mon désespoir éclatent. Je ne considère plus si je vais me perdre dans l'esprit d'Hortense; je ne vois que l'énormité de mes fautes; une espèce d'inspiration céleste me persuade qu'en les avouant à cette femme vertueuse, j'éprouverai le même soulagement que si je les confessais au Dieu des miséricordes. Cette idée exalte mon imagination, et je tombe aux genoux de celle qui tient à mes yeux la place du juge suprême.

— « Vous allez tout savoir, m'écriai-je ; vous m'accablerez de votre haine ; je le répète, Hortense, je deviendrai pour vous, surtout après ce qui vient de se passer, un objet de mépris, d'horreur ; mais je veux, je dois subir le châtiment que j'ai mérité.

— » Pourquoi, mon ami, exagérer des torts qui ne sont peut-être que des légèretés ?

— » Hortense, je n'exagère point ; vous allez en juger. »

Emporté par une chaleur frénétique de remords, je lui raconte, dans les plus petits détails, l'histoire de la journée et de la nuit que j'ai passées au village de La Tombe.

Il faudrait d'autres pinceaux que les miens pour exprimer les sentimens divers qui, tour-à-tour et même à la fois, se manifestèrent alors sur la physionomie de madame de Bélancour. Lorsque je parlais de la candeur, des grâces sans apprêts de mon Augustine, de sa douceur, de sa piété, de ses vertus modestes, et du caractère durable du sentiment qu'elle m'avait inspiré ; misérable que j'étais, comment ai-je eu la force de continuer ? Ne lisais-je pas dans les yeux et sur les traits de celle qui m'écoutait, les combats trop pénibles que se livraient, dans son âme, l'amour et la raison, le dépit et la vertu ?

Ce fut surtout quand, arrivant à la conclusion, je fis à haute voix la lecture des lettres, que l'agitation d'Hortense m'effraya. Elle pâlissait, rougissait, soupirait plaintivement. Enfin, tout-à-coup elle me quitta, se précipita dans une autre pièce, s'y enferma, et bientôt j'entendis qu'elle y donnait un libre cours à ses pleurs.

CHAPITRE XVIII.

Lettres. — Deux morts. — Un mariage. — Résultat de mes indignités. — Fécondité embarrassante. — Qu'une femme belle, vertueuse et bonne est adorable !

Quelles sont donc les lettres remises par un paysan et qui occasionnent tant de trouble ? On se doute bien qu'elles arrivent du village de La Tombe. La première est de cette Catherine Robert qui seconda si adroitement mes perfides projets contre Augustine. La seconde est du bon abbé Rigobert, prieur de Saint-Nicolas, et la troisième, d'Augustine elle-même. Je vais les transcrire dans l'ordre que je viens d'indiquer, et en conservant à chacune d'elles le style de son auteur.

LETTRE DE CATHERINE ROBERT.

La Tombe, ce ***.

Monsieux,

De d'puis vot' départ de not' village, il y est arrivé des désolations bien déplorables. François Ricard et moi nous avons évu des raisons cruelles, d'nous r'pentir, sauf vot'respect, d'avoir manigancé avec vous la ruse maudite qui a fait la perte de c'te chère Augustine. De d'puis c'maudit jour, c'te pauvre fille fait compassion à tout l'village; à commencer par le plus huppé jusqu'au plus p'tit, un chacun se f'rait saigner aux quatre veines, pour qu'ell'red'vienne heureuse, comme avant ses malheurs.

J'vous dirai donc, Monsieux, que si je n'vous ai pas fuit plus tôt à savoir tout c'qu'est arrivé, c'est à caus'que j'en avais r'çu la défense d'c'te bonne Augustine, à qui j'ai juré d'obéir en tout, à celle fin de réparer mon crime, si Dieu pouvait m'en faire la grâce. Mais, au jour d'aujourd'hui, y n'y a plus d'silence qui tienne; c'est un d'voir que d'vous mander ce qu'il faut qu'vous sachiez, pour donner des consolations à des infortunes, qui sont vos œuvres, avec l'aide de Satan qui m'faisait agir ainsi qu'Ricard.

J'vous dirai aussi, Monsieux, qu'Jean Morin n'a jamais pu rev'nir d'la peur terrible qu'il avait évue, en s'réveillant sur sa botte de paille, au milieu d'la rue, dans la nuit d'l'incendie, et en voyant M. l'abbé Rigobert sauter tout nud. Sa fièvre a toujours augmenté de d'puis ce quart d'heure-là, et le pauvre garçon a rendu son âme à Dieu, trois jours après qu'vous avez été parti. Par ainsi, Augustine s'est trouvée veuve, avant qu'son fiancé soit d'venu son mari, et qu'il ait seulement pu avoir l'idée et l'moyen d'lui donner des preuves d'ses sentimens d'amiquiée conjugale. C'est çà surtout, Monsieux, qu'est pour vous un grand sujet d'attention r'marquable, par rapport à l'honneur d'Augustine ; voyez-vous, malgré c'qui s'est passé entre elle et vous, vous avez d'quoi vous vanter qu'elle est aussi pure, aussi honnête, aussi respectable que tout's les vierges qui sont dans l'paradis.

Par c'te mort-là, et l'coup qu'lui avait porté la catastrophe d'l'incendie d'sa maison, par rapport à la peur qu'il avait évue, que sa fille n'eût été consumée par les flammes, le père Michel n'a fait qu'décliner. Un mois, presque jour pour jour, après l'décès d'son gendre prétendu, il a fini par s'éteindre, ni plus ni moins, tout comme une lampe qui n'a plus d'huile, malgré les soins qu'Augustine et M. l'abbé Rigobert n'ont cessé d'lui donner, jour et nuit; mais son heure était arrivée. Tous les habitans de La Tombe et des villages voisins, que c'vénérable patriarche faisait vivr', tous les pauvres incapables d'travailler qu'il nourrissait, et les enfans qu'il faisait éduquer dans la craint' de Dieu, se sont fait un d'voir de v'nir assister à son enterrement. La file du monde ne finissait pas, et l'église n'pouvait la cont'nir.

Sur la fosse de c'brave homme, qui prie dans l'ciel, à présent, pour sa fille et pour nous, M. l'abbé Rigobert a raconté un discours sur l'histoire d'la vie vertueuse et charitable du défunt qu'il a appelé son second père; c' discours nous a fait pleurer tous, et a fait pleurer aussi M. l'abbé. C'est en effet une bien grande perte, pour le village et pour les environs, que celle d'un chrétien qui faisait plus d'bien qu'un roi, et chacun est d'avis qu'on n'pourra jamais la réparer.

Le père Michel, laiss'les r'venus d'un prince; il avait des champs, des prés, des vignes, des bois de tous les côtés ; les plus beaux clos de la Champagne étions à lui. Le ciel bénissait tout's ses entreprises : on aurait dit qu'plus il donnait aux malheureux, plus l'bon Dieu lui faisait d'nouvell'grâces. En qualité d'sa fille très-légitime et très-unique, Augustine hérit'de tout'ces richesses-là ; mais, ell'ne s'ra pas plus fière qu'si ell'n'avait rien. C'n'est pas des richesses qui peuvent fair'la satisfaction d'un cœur comm'le sien.

Le père Michel a nommé, par son testament, M. l'abbé Rigobert tuteur d' sa fille. Il était impossible d' choisir un plus honnête homme et un ami d'attache comme c'ty-là pour Augustine.

A présent, Monsieux, je ne sais comment m'y prendre pour vous conter ce qu'il faut pourtant que vous sachiez. Or, donc, comme je vous ai fait l'honneur de vous l' dire, et tout le village de La Tombe pourrait l'jurer sur l'Évangile, pendant les trois jours qu'Jean Morin a été le fiancé d'Augustine, la maladie qui l'a fait décéder l'avait mis, de corps et d'esprit, hors d'état d' savoir s'il était un homme. Par ainsi, l' pauvre malheureux a été bien loin d'avoir la pensée d' songer à prendre comm' vous des avances sur l' mariage : Augustine d'ailleurs n'aurait pas été d' son avis; vous comprenez : hé bien, monsieux Gustave, elle est enceinte de d'puis la nuit maudite où... Mais vous savez encore mieux qu' moi c' qui s'est passé : v' là le fait, et c' t' enfant-là, dans deux mois, s' ra au monde par nos œuvres diaboliques.

Heureusement personne dans l'village ne se doute d' ça. C' malheur n'est connu que d'moi, d'Ricard et d'M. l'abbé, à qui Augustine a tout conté. Si vous avez un aussi bon cœur que la sensibilité dépeinte sur vot' figure l' fait croire, jugez combien Augustine et c' respectable abbé sont dans la souffrance ! M. Rigobert est décidé à emmener Augustine hors du village. Il veut la faire voyager pour la débarrasser d'ses chagrins en changeant d'air.

Pour ce qui est au sujet d'moi, Monsieux, j' suis dans l' désespoir de mon âme; j'pleur' vingt fois par jour, et la nuit quand j' me réveille, c' qui arriv' souvent par l'effet d'mon affliction. Il est si déchirant d'avoir à s' dire à part soi : les peines que des gens si bons, si vertueux souffrent sont l'fruit d'mes œuvres ! J'ai avoué à c'te chère Augustine tout' mes indignités : je m'suis prosternée à deux g'noux d'vant ell' pour lui témoigner mon r'pentir. Eh bien ! Monsieux, elle m'a pardonné ; mais y n' s'ra jamais permis à ma conscience de me pardonner d' même. D'vineriez-vous c' que c't' ange d' charité chrétienne a fait par après ? Au lieu de m' chasser comme un' réprouvée, elle a voulu qu' François Ricard en finisse avec moi et m'épousît ; ensuite, pour nous récompenser du mal qu' nous lui avons fait, ell' nous a fait du bien,... oui, elle nous a dotés rich'ment !

Ah ! Monsieux, les pierres les plus dures s'attendriraient en voyant des bontés d'une espèce pareille. Aussi, Ricard et moi, nous lui avons déclaré que nous nous attachions à ell' pour n' la quitter qu'à la mort. Nous la suivrons, s'il le faut, jusqu'au bout du monde ; nous la servirons avec zèle ; nous souffrirons tout pour elle, et notre vie s'ra, sans aucun' réserve, à sa disposition.

A présent, Monsieux, que j' vous ai dit c' qui m' pesait comm' du plomb sur le cœur, au nom du Père-Éternel de c' monde et d'l'autre, faites vot' possible pour donner d'bonnes consolations à not' chère victime.

» J'ai ben l'honneur de m'dire avec le respect, Monsieux, de vot' humble servante, qui vous est dû,

» Catherine Robert, femme Ricard. »

LETTRE DE L'ABBÉ RIGOBERT.

La Tombe, le **.

« Vous que je nommais l'enfant de mon cœur,

» Au sein de l'affliction profonde que Dieu nous a envoyée, je n'ai pas eu la force de me charger de vous instruire moi-même des calamités qui ont causé cette affliction. Je m'en suis reposé à ce sujet sur Catherine Ricard. Quoique tourmentée par des regrets qu'elle a trop mérité d'éprouver, son esprit, plus que le mien, est dans une situation qui lui laisse la faculté de s'arrêter sur des détails pénibles qu'il faut que vous connaissiez, et qu'il me serait impossible de retracer sans expirer de douleur.

» Ah! Gustave! Gustave! que vous avez payé

d'une manière cruelle les soins que j'ai pris de vos jeunes années ! Est-il possible que ce soit en m'accablant des angoisses les plus amères que vous répondiez à la tendre amitié que je vous ai vouée et que vos outrages ne détruiront pas.

» Si je vous fais des reproches, mon enfant, ils sont en partie motivés par les chagrins que me cause la souffrance d'un être adorable, que son père mourant a confié à ma religieuse et sincère reconnaissance, à mon amour filial. Mais aucune aigreur, aucun ressentiment contre vous ne me dictent ces reproches. Ils me sont inspirés surtout par la douleur que produit en moi la légèreté avec laquelle vous compromettez le salut de votre âme.

» Dans nos douleurs nous avons eu pourtant une consolation, le vénérable Michel a ignoré le malheur de sa fille. Ses derniers momens n'ont pas été troublés par l'humiliation de ce qu'il avait de plus cher au monde.

» Maintenant, Gustave, j'aborde un sujet qui doit éminemment vous intéresser : cet enfant qui naîtra bientôt ne sera pas condamné, je l'espère, à porter la peine du crime auquel il devra le jour. Je me fie à la divine clémence de celui qui a dit à la femme adultère : *Allez, et ne péchez plus.* Oui, la candeur, la piété, les bonnes œuvres, le repentir sincère de la mère, obtiendront du Très-Haut désarmé, qu'il répande, sur l'enfant, les trésors de sa grâce.

» Mais quelle sera sa destinée dans le monde ? Celui que la nature a fait son père, celui à qui il n'a pas demandé l'existence, et dont le sang coule dans ses veines, s'il ne peut le légitimer, refusera-t-il de le dédommager du moins de la plus cruelle des privations que la société impose au malheur ? refusera-t-il d'être, pour cette innocente créature, pour ce second lui-même, un tendre et constant protecteur ?

» C'est à vos principes religieux, à votre probité, autant qu'à votre cœur, mon cher Gustave, que j'adresse franchement ces questions. J'attends votre réponse. Aussitôt après l'avoir reçue, je pars avec mon infortunée pupille, et je la conduis dans un lieu où sa délivrance pourra s'opérer, à l'insu des habitans du village de La Tombe. Je ne veux pas qu'elle ait à rougir devant une population accoutumée à chérir, à honorer en elle l'assemblage des plus douces vertus.

» Jusqu'au revoir, mon cher enfant; je prie le ciel qu'il vous fasse miséricorde, et vous bénisse.

» Rigobert, prieur de Saint-Nicolas. »

LETTRE D'AUGUSTINE.

La Tombe, le ***.

« Monsieur,

» La prudence, l'honneur, le repentir, la nécessité de préserver ma faiblesse de l'attrait d'un sentiment coupable, que des relations épistolaires, entre vous et moi, auraient pu alimenter, quand mon devoir me prescrivait de l'étouffer, m'avaient fait prendre la résolution d'éviter toute espèce d'occasion, directe ou indirecte, d'avoir avec vous des rapports qui seraient devenus trop funestes à mon repos, et m'auraient fait perdre l'espérance du pardon céleste.

» Mais, un autre devoir m'est imposé aujourd'hui. Lorsque je considère que je vais être appelée à me livrer à la sollicitude maternelle, je sens que je ne m'appartiens plus; je dois me dévouer pour l'être innocent qui va naître. Afin d'adoucir, autant qu'il sera possible, la condition malheureuse à laquelle il est destiné, le Ciel et mon cœur me disent d'intercéder pour lui près de son père.

» Je vous avoue, Monsieur, que ce devoir ne me semble pas aussi pénible que je l'avais cru d'abord; je goûte même à le remplir une joie intérieure, parce que je vous crois bon et généreux; parce que je me persuade que vous ne me méprisez point et que vous ne me jugez pas indigne de compassion.

» En présence de Dieu, dont j'invoque sur moi les vengeances implacables si je trahis la vérité, je fais le serment que de votre sang autant que du mien est formée la faible créature qui tressaille en ce moment dans mon sein, comme si elle voulait s'unir à moi pour réclamer un protecteur.

» Si j'avais pensé que la faute, dans laquelle un concours inouï de circonstances m'a fait tomber, vous eût préoccupé du plus léger doute sur l'origine de cet enfant, je ne vous aurais point écrit. Renfermant en moi, sans murmure, ma douleur, mes regrets, je me serais attachée à redoubler de tendresse, de soins pour dédommager l'innocente créature reniée par son père. Dès qu'il ne lui serait plus resté que moi, j'aurais invoqué en sa faveur la reine des anges : avec sa divine assistance, pour le soutenir et le préserver des tempêtes, le fragile roseau eût obtenu la force du chêne.

» Mais ce Gustave, qui m'apparut semblable à une céleste intelligence et soudain domina tout mon être ; ce Gustave qui, depuis, règne dans toutes mes pensées à côté de Dieu même ; ce Gustave qui m'a fait chérir jusqu'aux douleurs qu'il m'a causées, ne sera point dénaturé ; il aura pitié de mes tristes inquiétudes ; s'il ne lui est pas permis d'être père devant les hommes, il sera père devant Dieu, et la plante frêle, battue par les vents, aura un solide appui.

» J'attends vos ordres, Monsieur, avec une confiance qui, j'ose l'espérer, ne sera point trompée.

» Agréez l'assurance des vœux que ne cesse

de former pour votre bonheur, celle qui, bien résolue de ne plus être faible, ne craint pas de vous faire l'aveu que personne jamais ne lui sera plus cher que vous.

» Augustine Michel. »

Telles étaient ces lettres. Les douloureux transports de désespoir que je fis éclater, après les avoir lues, paraîtront naturels à ceux qui n'ont pas oublié combien j'aimais, combien j'estimais Augustine, et à quel degré d'exaltation passionnée ma sensibilité me portait quelquefois. Un seul éclair de réflexion m'eût fait apercevoir combien était imprudente, déplacée, l'indiscrète confession que je faisais à Hortense d'un invincible amour pour une autre, au moment où je venais de lui jurer qu'elle seule était tout pour moi; où, emporté par le délire des sens, j'avais voulu malgré elle l'ajouter au nombre de mes victimes. J'aurais senti que me conduire ainsi ne tendait qu'à humilier l'amour-propre de cette femme adorable, à déchirer son cœur qui m'était trop dévoué, et à mériter ses dédains, son courroux. Mais je n'étais point alors en état de prévoir de si fâcheuses conséquences : emporté par la franchise de ma douleur, j'en suivis aveuglément l'impulsion irréfléchie; je portai dans l'âme d'Hortense une atteinte d'autant plus cruelle qu'elle était inattendue, et que les rares qualités, dont son imagination se plaisait à me parer, détruisaient jusqu'au plus petit soupçon que je fusse capable d'une perfidie. Eh bien! cette effervescence, toute en dehors, qui m'eût infailliblement perdu près des neuf dixièmes des femmes, fut précisément ce qui me sauva dans l'esprit de celle-ci.

Je restai une heure environ, à la place où madame de Bélancour m'avait laissé. Enfin, je m'aperçus qu'elle avait cessé de faire entendre des soupirs et des plaintes, et qu'un silence profond y avait succédé. Hélas! à l'agitation dont je souffrais tant, cette remarque vint ajouter une clarté qui me fit entrevoir enfin le mal que je pouvais avoir causé. Un tel silence, après les accens de l'affliction, est-il l'effet d'une triste rêverie? Est-il celui d'un évanouissement dangereux? Tourmenté par ce doute alarmant, je me lève soudain. Je m'approche de l'appartement où elle s'est retirée,... n'osant y pénétrer, je frappe doucement en conjurant d'une voix suppliante madame de Bélancour de mettre fin à mon anxiété.

« Soyez sans alarmes, Gustave, me dit-elle. »

Aussitôt la porte s'ouvre, et cet objet, digne des hommages du monde entier, reparaît à mes yeux. Son pudique front est redevenu le siége du calme et de la sérénité; il annonce le triomple de la vertu sur les passions; dans les plus beaux yeux brille à nu la plus belle âme, et je crois voir qu'une pensée grande et bienfaisante vient d'y germer.

— « Je voudrais en vain le dissimuler, Gustave, poursuit-elle; les aveux qui vous sont échappés, dans l'abandon si expressif de votre désespoir, m'ont porté le coup le plus sensible. Je serais morte à l'instant même, si j'avais eu à me reprocher l'oubli de mon devoir. Quoi, mon ami! en même temps que vous paraissiez pénétré, pour une femme qui sans doute en est digne, d'un sentiment où je crois reconnaître le caractère de ceux qui font le destin de la vie, vous mettiez en usage les dons séducteurs dont vous êtes doué, pour me contraindre à partager vos transports, et conséquemment à m'avilir... »

Je veux l'interrompre; mais, son air imposant m'empêche de proférer un mot.

« Laissez-moi continuer, Gustave, vous ne pourriez me répondre sans trahir la vérité... L'orgueil de beaucoup de femmes serait blessé de la découverte qu'elles auraient faite d'une rivale aussi tendrement aimée que l'est, que mérite de l'être; l'infortunée que vous avez rendue mère; mais, moi, si mon premier mouvement a été pénible, les pensées qui l'ont suivi m'ont fait bénir la Providence de cette découverte. Je la bénis surtout de m'avoir secourue au moment du péril.

» Je vais maintenant aspirer à la récompense délicieuse d'une conduite sans reproches. Si Dieu m'accorde cette récompense, elle doublera encore de prix, par l'assurance où je serai qu'elle contribuera à votre bonheur...»

Vivement ému par tant de générosité, je veux interrompre de nouveau madame de Bélancour, pour me livrer à l'effusion de ma sensibilité. Mais, elle m'arrête encore.

« Gustave, continuez-moi votre attention... Après avoir impartialement apprécié vos torts, j'ai trouvé dans la sincérité des élans de votre âme, des motifs suffisans pour ne pas renoncer au titre de votre amie. Sans rougir désormais, j'avouerai hautement ce titre; j'espère même vous prouver bientôt que l'amitié sacrée fait mieux savourer les charmes de l'existence que ces passions, nées de l'effervescence des sens, dans l'absence de la raison, et dont la souffrance et la honte sont la suite. »

Madame de Bélancour ayant cessé de parler, j'essayai à mon tour de m'expliquer; mais j'avais trop de motifs d'embarras pour que ma réponse eût le sens commun, et les larmes que je versais furent plus éloquentes que mes paroles. D'ailleurs, le discours qui m'avait été adressé, contenait des phrases mystérieuses, véritables énigmes pour mon intelligence. Je ne pouvais deviner quelle était cette récompense qui, en faisant le bonheur de madame de Bélancour, ferait aussi le mien. Quelques jours après, le moment de la révélation arriva. Alors, que de motifs de reconnaissance me donna cette femme sublime.

Mais n'intervertissons pas l'ordre des événemens. Quand je quittai madame de Bélancour, elle me serra la main, en me disant : « Gustave, comptez sur votre amie. »

Sorti de chez elle, j'errai pendant assez long-temps de rue en rue, abîmé dans un cahos de réflexions déchirantes, qui eurent pour résultat la ferme résolution de partir dès le lendemain, pour le village de La Tombe.

CHAPITRE XIX.

L'écolier chef de ses maîtres. — Il n'est pas de sacrifice généreux impossible à l'âme d'une femme.

―――◇―――

Je rentrai à l'hôtel après l'heure du dîner, mon père m'attendait avec impatience.

« Arrivez donc, Monsieur, me dit-il, dès qu'il m'aperçut. On a bien de la peine à vous trouver, pour vous annoncer une bonne nouvelle. »

Le duc de Lénoncourt s'empressa de m'apprendre que nous avions été servis avec tant de zèle par le roi Stanislas, par la duchesse de***, le comte de Tressan, madame de Boufflers, et d'autres amis, qu'ils venaient de me faire obtenir le brevet de colonel de dragons.

— « Colonel de dragons ! Quoi ! mon père, à mon âge ? Moi qui ne connais pas même les premiers élémens de l'art de la guerre, je commanderais à des officiers consommés, et qui ont rendu au roi et à l'état de nombreux services !

— » La défiance que vous montrez dans vos propres forces est louable ; mais pour vous rassurer, je dois vous dire que j'ai lieu d'être content des progrès que vous avez faits depuis quelque temps.

— » Ces progrès ne sont que ceux d'un écolier, et ne peuvent m'autoriser...

— » Si nous vivions sous un ordre de choses différent de celui qui existe en France, il serait sans doute fort étrange que l'on confiât la conduite d'un régiment à un jeune homme de votre âge ; mais d'après les usages actuels de la monarchie, le premier devoir de la noblesse étant de se dévouer à la défense de la patrie, c'est donc naturellement aux nobles, préparés dès l'enfance à cette importante destination, qu'appartiennent les premières places de l'armée.

— » Qu'appartiennent !...

— » On doit aussi considérer ce privilège comme une sorte de dédommagement des souverainetés féodales que l'affranchissement des communes a fait perdre à la noblesse.

— »Ainsi, l'on n'a semblé rendre aux peuples leurs droits naturels que pour les condamner au mépris.

— » Voilà bien l'exagération d'une jeune tête !

— » Mon bon père, je vous le demande, n'est-ce pas donner la marque la plus insultante de mépris à de vieux guerriers, que de les soumettre aux volontés d'un bambin ?

— » Ce n'est point une règle sans exception, je pourrais citer de nombreux exemples....

— » Oui, quelquefois il arrive qu'un reste de pudeur, la crainte d'exciter trop de murmures, et même le besoin d'appeler le mérite à réparer les bévues des orgueilleux privilégiés, font admettre des roturiers à des grades élevés, sous l'humiliante dénomination d'*officiers de fortune*; mais par combien de vertus, de connaissances acquises, de travaux et d'actions d'éclat ils achètent cette élévation, tandis qu'elle est trop souvent, de prime-abord, le partage d'un sot titré !

— » Malgré l'exagération de vos idées, je le répète, je ne suis pas fâché, mon fils, de l'effet que produit sur vous la nouvelle de la faveur qui vient de vous être accordée, et les réflexions qu'elle vous inspire vous serviront, je l'espère, de préservatif contre l'orgueil et la vanité. Votre conscience, votre intérêt bien entendu, votre honneur, vous feront une loi d'acquérir, au plus haut degré, les lumières et les vertus indispensables pour être digne de commander : c'est ainsi qu'aux yeux de tous, vous légitimerez les avantages que le hasard de la naissance vous a procurés.

— » Mais, mon père, sans un guide sage comment acquérir ces lumières et ces vertus ?

— » Tout a été prévu à cet égard : on a fait nommer le chevalier d'Érigny major de votre régiment.

— » Le chevalier d'Erigny ! O bonheur ! C'est un homme d'un si haut mérite qui devrait être colonel plutôt que moi ! Mais il le sera de fait, car je jure de ne me conduire que d'après ses conseils, et de ne m'écarter jamais des instructions qu'il me donnera.

— » Bien mon fils !... Préparez-vous donc à partir pour Paris, avec le chevalier, afin d'aller faire vos remercîmens au maréchal de

Belle-Isle, ministre de la guerre, et attendre ses ordres. Ce ministre n'a pas oublié qu'en 1733, lorsqu'il commandait le corps d'armée employé sur la Mozelle, il me dut, en grande partie, la prise de Trèves; il daignera, lui-même, vous présenter au roi et à la famille royale. Il faudra que vous soyez présenté ensuite à la marquise de Pompadour; elle est toute puissante; c'est l'idole du jour; il importe de l'avoir pour amie.

— » Quelle époque, mon père, avez-vous fixée?

— » Sous huit jours vous partez.

— » Sous huit jours. Impossible, mon père!

— » Comment? impossible!

— » Avant d'aller à Paris, un devoir sacré m'appelle dans un autre lieu.

— » Quel est ce devoir que j'ignore?

— » Je ne dois point encore vous en instruire.

— » Ainsi, Monsieur, vous avez des secrets pour votre père! Que voulez-vous que je pense?

— » Je ne serai jamais dissimulé ni faux;

mais un secret qui n'est pas le mien me contraint au silence...

— » Je veux bien ne pas vous presser à ce sujet. Cependant il vous plaira de sacrifier le prétendu devoir sacré, dont vous parlez, à ceux que vous impose la carrière où vous allez entrer. Je vous déclare donc, Monsieur, que je veux être obéi. »

A ces mots il me quitte, et je reste comme frappé d'un coup de foudre.

J'avais assez d'énergie pour oser dévoiler devant mon père des pensées hardies, au risque de m'attirer de sa part de vertes mercuriales; mais je tenais fortement, ainsi que la plupart des jeunes-gens d'alors, à ce vieux respect pour l'autorité paternelle, dont nos successeurs se sont affranchis. L'ordre d'un père était sacré pour nous : rien n'aurait donc justifié, devant ma conscience, la résolution de désobéir au mien.

Ainsi, je dois renoncer à l'espoir d'aller consoler mon Augustine; je ne pourrai lui jurer, en la serrant sur mon cœur, qu'aucune considération ne m'empêchera de reconnaître hautement l'enfant qui naîtra d'elle; elle ne m'entendra point lui répéter que toutes les puissances de la terre s'uniraient vainement pour me contraindre à ne pas voir en elle une épouse bien aimée !

Quelle nuit je passai ! Quelle confusion d'idées tendres, passionnées déchirantes, me tourmenta ! Enfin le résultat de ces troubles intérieurs, fut que j'écrirais à Augustine tout ce que je lui aurais dit, s'il m'eût été permis de me rendre près d'elle.

Quoique fatigué par une nuit si agitée, je mis à exécution ce dessein. Je répondis aux trois lettres qu'on a lues, et le même exprès qui les avait apportées fut chargé de mes réponses.

Après cette expédition, je me sentis plus tranquille, et me présentai chez madame de Bélancour, dans l'intention de lui faire part de la situation où je me trouvais, et de me prosterner de nouveau à ses pieds. Mais, quel fut mon étonnement ! elle était partie en poste, de Lunéville, avec sa femme de chambre, dès cinq heures du matin, et toute sa maison ignorait où elle était allée. En montant en voiture, elle avait chargé un domestique de me remettre ce billet :

« Je suis instruite des devoirs nouveaux
» que vous avez à remplir; aucune faiblesse
» ne serait pardonnable, quand l'honneur et
» le respect filial vous prescrivent d'obéir.
» Soyez tranquille sur votre Augustine : elle
» vivra désormais sous la garde attentive de
» l'amitié. Que cette assurance rende à votre
» âme le calme, la pureté, la dignité qui doi-
» vent être son noble apanage.

» Hortense de Bélancour. »

Après avoir lu ces lignes, dictées par une vertu plus qu'humaine, je passai dans l'appartement du comte.

« Me voilà veuf, mon cher ami, s'écria-t-il, dès qu'il m'aperçut. Madame de Bélancour est partie ce matin pour aller, je ne sais où.

— » Vous ne savez où?

— » Non, le diable m'emporte !

» Mon excellent ami, m'a-t-elle dit, hier au soir, je vous demande la permission de m'absenter pendant quelques jours, et de vous taire le lieu où je veux aller. Ce n'est point par défaut de confiance que je me conduis ainsi, et vous devez assez me connaître pour en être persuadé. Mais il s'agit d'un secret qui ne m'appartient pas; j'espère cependant qu'il me sera bientôt permis de vous le révéler. Si vous me refusiez, vous me causeriez une peine cruelle, et vous condamneriez peut-être une personne estimable, intéressante, à un malheur éternel. »

En s'exprimant ainsi, des larmes coulaient de ses yeux; elle me semblait si émue, son air était si touchant, ses paroles étaient si suaves, si persuasives, que j'aurais cru commettre un crime, si je l'avais affligée par un refus.

« Madame, lui ai-je dit, en pleurant moi-même, je sais que vous n'êtes capable que de bonnes et belles actions, on ne me trompe pas, moi, je suis physionomiste : je ne chercherai donc point à connaître le motif du voyage que vous vous proposez de faire : vous êtes libre de partir quand il vous plaira; prenez tout l'argent dont vous croirez avoir besoin ; ménagez votre santé qui m'est plus chère que la mienne. Du reste, c'est à votre propre vertu que votre époux vous confie.

— » Et jamais, répondit-elle, un si bon, un si respectable ami, n'aura sujet de regretter l'estime dont il honore celle qui porte son nom.

» Alors, elle s'est jetée dans mes bras et m'a prodigué les plus tendres caresses. O mon cher Gustave ! quel bonheur de posséder un être si parfait !

— « Si parfait ! oui, Monsieur, c'est le mot, m'écriai-je dans un transport d'attendrissement et d'enthousiasme ; c'est la perfection que je croyais idéale dans ce monde, que je pensais n'appartenir qu'au ciel ! »

Enchanté de l'éloge énergique que je faisais de sa femme, ce brave mari m'embrassa jusqu'à m'étouffer. Peu d'instans après, je le quittai, afin de respirer dans la solitude des champs, dans cette solitude où le cœur se désoppresse, (qu'on me pardonne cette expression) et qui lui fait retrouver, au milieu du calme et d'un air pur, de douces consolations.

Alors, songeant au sublime sacrifice d'Hortense, à la timide tendresse d'Augustine; reconnaissant que j'avais allumé, dans leurs âmes, un feu qui les dévorait, je me dis en soupirant : « Il ne m'est plus permis d'en douter, l'amour est, pour une femme vertueuse, un plaisir acheté par mille peines. Un homme peut-il jouir de quelque paix intérieure, lorsqu'il est cause de tant de mal ? Ah ! je ne ferai plus de victimes ! J'ai aimé bien des femmes; elles m'ont oublié; je le leur pardonne. Maintenant je trouble le repos, je fais saigner le cœur de madame de Bélancour, que j'admire, et d'Augustine, que j'adore. Ces deux femmes-là ne m'oublieront jamais. Le sentiment que je leur ai inspiré les rendra malheureuses. Je souffre beaucoup d'être l'auteur de leurs déplaisirs secrets, de leurs chagrins, et cependant, je ne voudrais pas ne les point aimer; je suis même convaincu qu'elles ne regrettent pas de tenir à moi par le cœur. Aimer est inséparable de notre nature. Jamais les tourmens que l'amour fait naître n'empêcheront d'aimer. Sans ce penchant irrésistible, qui attire, enchaîne deux sexes créés l'un pour l'autre, notre destinée serait insupportable sur la terre; il faudrait mourir de désespoir de langueur, ou d'ennui.

CHAPITRE XX.

Généreuse démarche. — Deux jolies rivales qui s'estiment et qui s'aiment. — Je la revois.

Les huit jours pendant lesquels je devais rester encore à Lunéville furent consacrés, en grande partie, à des visites d'étiquette, à prendre congé du bon roi Stanislas, à faire mes adieux aux amis de ma famille et aux miens.

J'étais honteux, devant le chevalier d'É-rigny, de la ridicule destinée qui me faisait le chef de l'un des officiers les plus instruits de l'armée. Il lut dans ma pensée :

— « Le sentiment que vous éprouvez, mon cher Gustave, me dit-il, fait votre éloge à un âge où il est si naturel de se laisser éblouir par la vanité. Mais cessez de vous défier trop de vous-même ; j'espère que vous ne serez pas au-dessous des fonctions que vous allez remplir.

— « Mais vous, mon digne mentor, vous qui avez cent fois plus de savoir qu'il n'en faut pour conduire, non-seulement un régiment, mais une armée...

— « Moi, mon ami, pauvre cadet de famille, je n'aspirais pas à un grade aussi élevé que celui de major. Je sais que je ne l'aurais jamais obtenu, si l'on n'eût pensé que je pouvais vous être utile. Ainsi vous voyez que, sous ce rapport, on m'a beaucoup plus accordé que je n'aurais demandé, et je jouis du double avantage de continuer à vous instruire, et de servir mon roi et mon pays.

— « J'ai juré à mon père que je ne ferais jamais rien sans vous consulter.

— « Il ne faut rien outrer, Gustave; pas même la vertu. Vous aurez mainte occasion d'appliquer, par vous-même, des principes généraux qui vous sont familiers. Il suffira, le plus souvent, que je me borne à vous mettre sur la voie; mais il importera de cacher soigneusement aux yeux des autres ma coopération, parce que le maintien de la discipline, le bien du service, la considération dont il faudra que vous jouissiez, exigeront que vous paraissiez toujours agir d'après vos propres connaissances. »

Deux jours avant mon départ pour Paris, dès le matin, je vis paraître dans ma chambre, sans se faire annoncer, M. de Bélancour, tout rayonnant de joie. A peine avait-il ouvert la porte, qu'il me cria :

— « Réjouissons-nous, mon cher Gustave ! elle est de retour depuis hier dans la soirée ! Une satisfaction céleste est peinte sur sa physionomie; on voit qu'elle vient de se procurer le plaisir des anges, en faisant une bonne action...... Je ne connais pas encore le sujet de son mystérieux voyage; mais il me suffit qu'elle soit heureuse !...... Attendu qu'elle veut te voir sans retard, je me suis chargé de venir t'annoncer cette bonne nouvelle..... Je soupçonne, mon cher ami, que tu es un peu dans sa confidence; je n'en suis point jaloux; je te fais, au contraire, mon compliment d'une distinction si flatteuse; rien ne prouve mieux tes bonnes qualités que la confiance qu'a placée en toi madame de Bélancour. »

Après ce beau début, auquel je n'eus pas de peine à répondre de manière à contenter mon excellent ami, nous nous acheminâmes en causant vers son hôtel.

— « Je vous amène Gustave, chère Hortense, dit-il à sa femme en entrant; mais vous avez sans doute à vous parler longuement; je ne suis point indiscret; je me retire; ainsi ne vous gênez pas. »

Et, en effet, il se retira en riant d'un air qu'il croyait très-fin. Dès que nous fûmes seuls, madame de Bélancour me fit l'historique de son voyage.

— « Sachez, Gustave, me dit-elle, que votre Augustine a été élevée dans le même couvent que moi. Tant de rapports existaient entre nos sentimens et nos goûts que bientôt nous devînmes inséparables. La tendre sympathie, qui lia étroitement nos âmes, fit disparaître à nos yeux la distance des rangs, et nous nous vouâmes une amitié à toute épreuve. Augustine me prouva la première la courageuse fidélité avec laquelle elle savait remplir les devoirs d'une amie. Je tombai gravement malade; en peu de jours, mon état devint désespérant. Les médecins prononcèrent que, si quelque guérison était possible, elle ne pourrait être opérée que par des soins de tous les instans, mais des soins si minutieux qu'ils semblaient d'une exécution presque impossible. J'étais donc à peu près condamnée.

» Alors, comme inspirée par la Providence, Augustine dit aux docteurs et aux religieuses : « Qu'on me prescrive ce qu'il faut faire, Dieu » me donnera la force de l'exécuter. Je la sau- » verai ou je la suivrai dans la tombe. »

» L'expression de sa figure, la touchante énergie de sa voix, communiquèrent de l'autorité à ses paroles et persuadèrent. Elle s'installa près de mon lit; pendant plus d'un mois, nuits et jours, il ne s'écoula pas une minute sans qu'elle me prodiguât les attentions les plus zélées et les soins les plus ingénieux. Enfin, de l'aveu des médecins même, je ne fus redevable qu'à son dévoûment de mon retour à la vie.

» Ce que vous venez d'entendre, Gustave, explique, en grande partie, la cause de la douleur dont j'ai été saisie lors de la révélation qui vous est échappée relativement à

Augustine. Elle fut, pour moi, foudroyante ; combien de cordes sensibles elle ébranla dans mon cœur ! Combien ce cœur saignait en me représentant le malheur de mon amie ! Et c'était à vous, Gustave, à vous, que je chérissais, qu'elle devait son humiliation et ses souffrances ! Quelle situation était la mienne !

» Mais enfin je sentis que des marques d'amitié, plus efficaces que des larmes, devaient remplacer celles que je versais ; je résolus, pour le repos d'Augustine, pour le vôtre et, j'oserai ajouter, pour le mien ; je résolus, dis-je, de faire les sacrifices les plus pénibles, s'il le fallait, afin de protéger, de consoler et de rappeler au bonheur cette victime intéressante de la plus coupable séduction. »

Madame de Bélancour me parla ensuite de son départ de Lunéville et de son arrivée au village de La Tombe. Quand elle parut aux yeux d'Augustine, celle-ci rougit en la reconnaissant ; un mouvement de honte l'empêcha d'embrasser son amie ; elle se couvrit le visage de ses mains.

— « Ma bonne Augustine, lui dit Hortense

avec ce ton de sensibilité pénétrante qui lui était si naturel, jamais, non, jamais tu n'auras sujet de rougir devant moi, devant personne!... Je sais tout; je t'estime toujours; tu n'as pas cessé d'être ma meilleure amie ! Je viens te chercher, je t'emmène avec moi pour ne plus te quitter; je partagerai tes chagrins, ensemble peut-être parviendrons-nous à les adoucir. »

A ce langage d'une amitié parfaite, Augustine baisait, en pleurant, les mains de sa noble amie.

Quand le prieur de Saint-Nicolas fut instruit de la généreuse démarche dont sa pupille était l'objet, quels transports de reconnaissance ne fit-il pas éclater ! que de grâces il rendit à l'auteur divin de tous les bienfaits !

Les préparatifs du départ ne furent pas longs. Il parut très-naturel, dans tout le village, que madame la comtesse de Bélancour eût désiré d'avoir pour quelque temps chez elle son amie de couvent, afin de distraire cette jeune personne de la douloureuse pensée des pertes récentes qu'elle avait faites.

Augustine partit donc, avec le prieur, dans la voiture d'Hortense. François Ricard et sa femme, que l'offre d'un million n'eût pas empêchés d'être du voyage, les suivirent, montés ensemble sur un bon cheval de ferme, et personne dans le village ne se douta de la cause de cette espèce d'enlèvement.

Hortense installa son amie et l'abbé près de Lunéville, dans un château qui lui appartenait; puis revint à l'hôtel.

Pour ne point abuser de la patience du lecteur, j'ai abrégé, le plus qu'il m'a été possible, le récit d'une démarche, dont on n'aurait pu apprécier le mérite, qu'en lisant, ainsi que moi, dans l'âme de l'ange de bonté qui venait de la faire. Si j'avais rapporté mes interruptions, mon attendrissement, les transports de ma gratitude, l'enthousiasme de mon admiration pour la femme généreuse et forte, qui avait tant à me pardonner et qui se montrait si magnanime envers moi, c'eût été à ne pas finir.

— « Je vais à l'instant vous conduire, dit-elle, près de notre malheureuse Augustine, vous êtes sensible, honnête homme, votre présence rendra à son âme le ressort de confiance qu'elle a perdu.

— » Que ne vous dois-je pas !..... Comment reconnaître jamais tant de générosité?

— » Doit-on quelque chose à une amie pour le bonheur qu'elle se procure ?..... La voiture nous attend ; partons. »

Bientôt nous fûmes arrivés au château. Je revis Augustine. Que je la trouvai touchante ! Combien ajoutaient à ses charmes les inquiétudes qui l'agitaient, et la satisfaction que lui causaient mes sermens d'amour éternel !

Et ce bon abbé Rigobert ! ses larmes, les marques d'affection qu'il me donnait, les expressions de sa reconnaissance envers Dieu, semblaient me créer une âme nouvelle.

Les effusions de notre sensibilité mutuelle un peu calmées, madame de Bélancour fit entendre ces paroles héroïques :

— « Gustave a maintenant la certitude que l'amitié veillera constamment à la conservation et au bonheur d'Augustine : il ne doit plus s'occuper que des moyens de bien servir son roi et sa patrie. Il faut qu'il parte après-demain, et que ce soit en homme dévoué..... Mes amis, donnez-vous le baiser d'adieu. Si l'un fut coupable et l'autre faible, le ciel est clément : en remplissant tous les deux les devoirs de votre position, espérez en lui..... »

A ces mots, Augustine et moi tombâmes spontanément à genoux devant cette femme adorable, qui représentait à nos yeux le père de toutes les grâces. Enfin, cédant également à la puissance de l'impulsion qu'elle donnait à nos âmes, l'abbé Rigobert nous bénit.

O combien sont aveugles, ennemis d'eux-mêmes, ou criminels, ceux qui nient les consolations et le charme que produisent les sentimens religieux!

Alors, je fis le serment, et je voulus l'écrire et le signer, d'avouer mon enfant à la face de l'univers. Je remis ensuite le papier à Augustine.

«Mon cher Gustave, me dit-elle, sous le rapport de la fortune, notre enfant sera honnêtement partagé, puisqu'il héritera de tout ce que je possède; sous celui de l'éducation, mon respectable frère adoptif et moi sommes convenus de ne rien négliger pour le dédommager de l'irrégularité de sa naissance. Près de vous, je ne réclamais donc pour lui, que son protecteur naturel. Puisque vous jurez de l'être, cet écrit m'est inutile, car aucun motif ne me déciderait jamais à en faire usage....»

En s'exprimant ainsi, elle déchirait la promesse que je venais de signer.

« Je ne suis, continua-t-elle, et ne serai jamais qu'à vous et à mon enfant. S'il faut périr pour l'un ou pour l'autre, je ne balancerai pas, et vous, en suivant la noble carrière où se sont illustrés vos ancêtres, puisse votre valeur vous illustrer de même... Mais, je sens que le moment est venu de nous séparer.... Les émotions prolongées affaiblissent trop l'énergie de l'âme. »

Les adieux étaient faits; madame de Bélancour et moi, nous disposions à monter en voiture, quand François Ricard et sa femme Catherine Robert s'avancèrent.

« M. Gustave, me dit Catherine, François que v'là ainsi qu'vot'servante, a juré de n'jamais quitter not'bonne Augustine; mais, çà n's'ra pas la quitter que d's'attacher à vous, pis qu'à présent elle et vous n'font qu'un. Nous v'nons donc de décider, à part nous, François et moi, qu'il vous suivrait à l'armée. Il vous servira plus mieux que l'meilleur des domestiques. S'il faut vous défendre, fiez-vous qu'il le f'ra comm'le plus brav' des soldats... C'est dit, Monsieux ! quand vous r'fus'riez mon François, y n'vous en suivrait pas moins, car il est à vous d'corps et d'âme, comm'nous l'sommes à not'Augustine.

— » Oui, Monsieur, je l'jure par mes grenades qu'j'ai conservées, je vous suis malgré vous pour veiller à la conservation d'vos jours..... J'ai vu l'feu; si je n'sais pas mieux qu'tout autre, parer les balles, j'sais les braver comm'le doit un vrai grenadier français, quand il s'agit d'être utile à ceux à qui il s'donn'tout entier. »

Cette scène inattendue fit sur nous une vive impression. Si je m'étais dit : *Où la générosité va-t-elle se nicher ?* j'aurais calomnié une classe d'hommes qui, par habitude, fait plus d'actes de véritable dévouement que les orgueilleux favoris de la fortune.

Augustine pleurait ; son regard semblait me supplier d'agréer une proposition qui la charmait. J'acceptai donc les services du brave François Ricard, et par la suite, j'eus de nombreuses occasions de m'en applaudir. Enfin, je me séparai d'Augustine; mais, nos âmes restèrent plus unies que jamais.

Que de belles choses les sentimens d'amitié, de reconnaissance et d'admiration qui m'animaient me firent débiter à madame de Bélancour, pendant que nous retournions à Lunéville! Tout cela était fort touchant alors; mais la répétition en serait aujourd'hui fort ennuyeuse pour mes lecteurs. Je me bornerai à leur dire, que je fus d'autant plus éloquent, que je sentais profondément tout ce que j'exprimais.

Pensant qu'elle ne devait plus faire à son mari, un mystère du sujet de son voyage et du plan qu'elle s'était tracé pour l'avenir, Hortense était convenue avec le prieur et Augustine, que, dès le soir même, elle ferait à cet excellent ami une confidence entière.

CHAPITRE XXI.

De nouveau je suis à Paris.— Le maréchal de Belle-Isle.— Généraux de 1758. — Le comte de Gisors.

Le surlendemain eut lieu notre départ pour Paris. Cette fois, ce ne fut point à pied que nous voyageâmes; mais, dans une bonne berline de poste. J'avais fait de François Ricard mon valet de chambre de confiance, et mon père avait voulu que j'eusse plusieurs autres domestiques; ces derniers étaient chargés d'amener mes chevaux à petites journées.

La duchesse de*** avait exigé que je descendisse dans son hôtel avec le chevalier d'Érigny, et avait donné l'ordre de préparer nos appartemens. A notre arrivée dans la capitale, nous ne pûmes donc nous dispenser de répondre à son invitation, et nous reçûmes d'elle un accueil aussi affectueux que si nous eussions fait partie de sa famille.

Après deux à trois jours de repos, nous

étant rendus à Versailles, nous écrivîmes au maréchal de Belle-Isle, pour le prier de vouloir bien nous indiquer le jour où il daignerait nous accorder une audience. Une heure après, un de ses secrétaires vint nous annoncer que son excellence était prête à nous recevoir. Mon père m'avait beaucoup parlé de ce petit-fils de l'infortuné surintendant Fouquet, dont les éminens services avaient fait oublier les fautes de son grand-père; de ce ministre qui passait pour voir tout en grand et dans les derniers détails; que l'on considérait en Europe, comme le plus capable de conduire un état et une armée, de bien établir la discipline militaire, de représenter dignement son roi chez l'étranger, et dont l'habileté dans les négociations était si généralement reconnue, que, lors de l'élection de l'empereur Charles VII, le grand Frédéric avait dit de lui : *Il faut convenir que le maréchal de Belle-Isle est le législateur de l'Allemagne.*

Cent fois j'avais entendu vanter son activité infatigable à la tête des armées et dans le cabinet; les travaux de tous les genres auxquels il consacrait les jours et les nuits, sans prendre de repos; ce feu qui lui faisait dévorer les obstacles, cette force d'esprit qui résistait à tout et conduisait de front plusieurs intrigues à la fois, sans en croiser les fils. Je m'attendais à admirer la vigueur physique d'un Hercule, mais mon étonnement fut extrême quand je vis un homme d'une longue taille, très-maigre, d'un tempérament débile, d'une santé chancelante, et dont le corps pliait sous les efforts de l'âme.

Il nous reçut avec la politesse et l'affabilité gracieuse d'un courtisan aimable; il savait y mêler, de la manière la plus naturelle, quelque chose de la franchise d'un soldat.

— « Monsieur votre père, me dit-il, était un officier général savant et brave, mainte fois il l'a prouvé sous mes yeux, dans les actions les plus périlleuses, et souvent ses avis me furent utiles. C'est dommage qu'il se soit retiré sitôt du service! Mais il avait peu d'ambition; sans doute il n'en a été que plus heureux. Je serai charmé de lui prouver, dans son fils, toute mon estime et ma vieille amitié. Jeune homme, vous allez débuter, de même que moi, dans le chemin de la gloire : j'avais votre âge, et sortais de l'Académie, quand Louis XIV m'accorda un régiment de dragons. Votre avancement dépendra désormais de vous. »

Le maréchal prouva, par les éloges qu'il donna au chevalier d'Erigny, qu'il était bien informé de ce que valait cet officier. Il nous annonça ensuite que nous resterions encore à peu près six semaines à Paris, et nous invita à dîner pour le lendemain.

Je vis à ce dîner les principaux officiers généraux qui devaient être à la tête de l'armée pour la campagne de 1758, en Westphalie, et qui prétendaient à la gloire de réparer les revers de celles de 1756 et de 1757.

Le maréchal d'Estrées, le duc de Richelieu et le prince de Soubise avaient exercé le commandement en chef pendant ces deux campagnes.

Le maréchal d'Estrées, fort honnête homme, brave, vigilant, actif, mais brusque, emporté et très-sévère, était estimé des officiers et des soldats qui le haïssaient. La frugalité de sa table le faisait taxer d'avarice.

Toutefois, ce qui lui nuisait le plus, c'est qu'il était environné d'ennemis intérieurs et couverts, beaucoup plus redoutables pour lui que ceux qu'on lui avait donnés à combattre. Quoiqu'il ne fût pas de l'une des premières maisons de France, on l'avait préféré pour conduire la guerre de Westphalie, à tous les grands de la cour, et même aux princes du sang.

Ce choix avait mérité les applaudissemens des véritables militaires, qui considéraient le maréchal comme un excellent lieutenant-général. Elève de l'immortel maréchal de Saxe, il était devenu son bras droit. Mais il ne tarda pas à éprouver qu'il est bien plus facile de commander sous les yeux d'un héros, de n'avoir qu'à exécuter les ordres clairs, bien combinés et précis que l'on reçoit de lui, que de paraître le premier, et de n'être réellement que le subordonné d'une femme inconséquente, car telle était sa position envers madame de Pompadour, qui dirigeait souverainement la guerre. Ajoutez à l'embarras de cette position, celui de commander une armée indisciplinée, affaiblie par une longue paix, qu'une réforme imprudente et dure avait précédée, et d'avoir pour seconds des officiers-généraux plus grands seigneurs que leur chef, et de plus, fiers, ignorans, poltrons et mal intentionnés.

Le roi partageait l'estime que la nation portait au maréchal et l'honorait d'une amitié sincère. En lui donnant le commandement de l'armée de Westphalie, la marquise avait eu pour but de ménager sa propre puissance, de flatter la nation et de satisfaire le roi. « Le comte d'Estrées, se disait-elle, n'o-
» sera jamais résister à mon pouvoir absolu.
» S'il s'avisait de vouloir devenir indépen-
» dant, j'aurais les moyens de faire manquer
» ses opérations. S'il a des succès, on les at-
» tribuera à la direction que je lui aurai don-
» née. S'il n'en a pas, nous l'accuserons de
» s'être écarté de cette direction, et son cré-
» dit près du roi diminuera. »

Malheureusement le desir de commander en chef aveugla le maréchal au point de se laisser lier les mains, au lieu d'insister pour avoir carte blanche; il ne réfléchit point aux conséquences fâcheuses qui pouvaient résulter de sa soumission, pour sa gloire et pour les intérêts de son pays.

Arrivé en Westphalie, son premier soin fut de proscrire de l'armée le luxe, l'indiscipline, l'insolence, la maraude, qui dominaient, depuis le premier lieutenant-général jusqu'au dernier soldat : c'est alors qu'il fut détesté. La jalousie du prince de Soubise, qui servait sous ses ordres, comme lieutenant général, contribua surtout à le tourmenter, par des désobéissances continuelles. Il mit la rivière de Lippe entre lui et le maréchal, et sembla faire la guerre pour son propre compte. On prenait, dans les armées d'Estrées et de Soubise, des précautions mutuelles pour ne pas se communiquer. Cette conduite s'est soutenue depuis, chaque fois qu'on a donné des commandemens séparés, qui devenaient des sujets de mésintelligence entre les généraux. Cependant, pour couvrir la honteuse haine qu'on portait au maréchal, on attaqua sa conduite militaire, on murmura contre sa lenteur, parce qu'il avait manqué plusieurs fois l'occasion de détruire une armée méprisable de quarante mille paysans, qui fuyait devant les cent mille hommes qu'il commandait. Eh bien ! cette lenteur dont on l'accusait, lui était impérieusement prescrite, et, malgré lui, il suivait les ordres qu'on lui avait donnés.

Il en reçut ensuite d'autres, mais trop tard. Dès lors il passa le Wéser, et le 26 juillet, il alla attaquer le général anglais, prince de Cumberland, à Hastembeck, à deux lieues d'Hamlen, l'une des clefs du duché de Brunswick. Le prince voulut se défendre ; mais lui ayant livré bataille, le général français fut vainqueur, malgré une infinité d'obstacles qui lui étaient opposés dans sa propre armée, par les intrigues et les trahisons de plusieurs officiers-généraux, notamment du comte de Maillebois et du duc de Lorges.

Cet ignorant, cet avide, ce cabaleur duc de Lorges, dans cette bataille se montra passé maître en poltronnerie. Pour se mettre à couvert des coups de fusil, on le vit se coller derrière un gros arbre. Un grenadier du régiment d'Eu, lui dit en passant : *Mon général, vous avez choisi là un bon chef de file, il ne vous manquera pas.* Puis il continua son chemin en le regardant avec un sourire amer et dédaigneux.

Heureusement l'intrépide Chevert et le brave comte de Guerchi secondaient leur chef et lui prouvaient un dévouement sans bornes. Ils l'aidèrent à rétablir les fausses manœuvres que la malveillance avait occasionnées. La victoire eût été complète, si le comte de Maillebois n'eût abusé de l'ascendant qu'il avait pris sur l'esprit du duc d'Orléans, pour lui faire commettre une faute qui eut des suites funestes, et dont le duc s'est bien repenti depuis.

Ce prince commandait la cavalerie. Le maréchal d'Estrées lui ordonne de couper la retraite aux ennemis, étant certain de leur faire mettre bas les armes. Prévenu par Maillebois, le duc se sert de son titre de prince du sang pour contrebalancer l'autorité du général en chef; il refuse de marcher, laisse l'ennemi opérer tranquillement sa retraite, et, par cette désobéissance, enlève à la patrie un triomphe qui eût accéléré la paix.

Chevert indigné ne put se contenir, en

voyant le duc de Lorges s'avancer d'un air important. Il le traita avec le dernier mépris. *Taisez-vous*, lui dit le duc, *vous n'êtes qu'un soldat.* — *Et vous*, répondit Chevert, *vous n'êtes qu'un j.... f.....!*

Des factums ridicules suivirent la victoire d'Hastembeck. Ce fut, je crois, la première fois qu'une bataille gagnée donna lieu à un procès.

Cependant, vainqueur en Westphalie, le maréchal d'Estrées venait d'être entièrement défait à Versailles. Les murmures sur sa prétendue lenteur avaient été vivement relevés dans les petits soupers de la marquise de Pompadour. La cabale avait renversé l'officier général le plus digne alors de commander. Un fait assez plaisant fut surtout la cause de sa disgrâce. La marquise lui avait envoyé un plan de campagne; et, pour désigner les lieux où elle voulait qu'il se portât, elle les avait marqués avec des mouches de sa toilette, collées sur le papier à vignettes de sa lettre. Le maréchal ne put s'empêcher de montrer ce singulier plan de campagne. La marquise, furieuse, lui voua une haine éternelle, et le duc de Richelieu fut envoyé pour le remplacer.

A cette nouvelle, d'Estrées se rendit à la cour, afin de couvrir la cabale de honte. On voyait revenir, chargé de lauriers et de gloire, ce guerrier vertueux, quand on croyait avoir réussi à le déshonorer et à le perdre. L'armée, Paris, la France, l'Europe entière, éclatèrent en plaintes, en satires, en reproches, sur l'injustice dont il était l'objet; il fut regretté par les mêmes soldats qui l'avaient haï, et le roi le traita, plus que jamais, comme son ami. Mais, tout roi qu'il était, Louis XV n'avait pas eu le pouvoir d'empêcher qu'on retirât le commandement à cet ami, puisque la marquise avait prononcé qu'il ne commanderait plus, et qu'il aurait pour successeur le duc de Richelieu, à qui elle devait son élévation.

Ce duc, l'Alcibiade de son siècle, avait été précédé par la réputation la plus brillante de bravoure, de galanterie, d'esprit, de magnificence, et par des succès entourés de prestiges, et dus souvent à son heureuse étoile autant qu'à sa témérité.

En 1745, à la bataille de Fontenoy, un simple officier, nommé Ysarn, lui ayant fait découvrir quatre pièces de canon, lui procura le moyen d'enfoncer la fameuse colonne anglaise, et d'obtenir ainsi une très-grande partie de la gloire de cette bataille. En 1746, le duc de Boufflers étant mort de la petite-vérole, en défendant héroïquement la ville de Gênes contre les impériaux, il lui succéda peu de temps après la levée du siège, ce qui le rendit héritier des lauriers de son prédécesseur, du bâton de maréchal de France, et du titre de sénateur génois. En 1756, étant chargé du siège de Port-Mahon, l'un des districts ou *termino* de l'île Minorque, il réussit à le prendre : opération que généralement on avait jugée impossible.

Richelieu dut cet éclatant succès au chevalier de Lorenzi, gentilhomme de Toscane au service de France, comme il avait dû celui de Fontenoy à Ysarn. Ce chevalier était un véritable original : officier très-brave, excellent tacticien, savant astronome, il vivait dans la meilleure compagnie, avait toutes les vertus de société, mais était complètement dépourvu du talent de se faire valoir. Toujours vrai, sérieux et grave, il unissait la naïveté d'un enfant, la simplicité d'un bon homme, aux distractions les plus amusantes. Comme il n'était frappé que par le côté vrai ou faux d'un objet, et jamais par le côté plaisant, il entendait la plaisanterie mieux que personne; et l'on pouvait rire de lui et de ses propos, tant qu'on voulait, sans le fâcher, mais aussi sans lui faire perdre son sérieux.

Pendant le siège dont il s'agit ici, l'honnête chevalier allait tous les soirs à la tranchée, muni d'un télescope et d'un attirail d'autres instrumens astronomiques, pour faire ses observations. Un jour, il y laissa tout ce qu'il y avait porté et revint à son quartier. *On vous volera ces objets*, lui dit Saint-Lambert. *Oh non!* répond Lorenzi, *j'ai mis ma montre à côté.*

Fouillant dans le taudis, où on l'avait logé après le débarquement en Minorque, il aperçoit un manuscrit dans un coin : il le prend, l'examine, et découvre que c'est le livre des signaux de la flotte anglaise. Aussitôt il le porte au prince de Beauveau, et ce prince le remet au maréchal de Richelieu. On s'en méfie d'abord; mais, lorsque le combat naval commence, on reconnaît que les Anglais suivent leurs signaux de point en point. Alors on a la facilité de prévenir toutes leurs manœuvres, et ils sont obligés de se retirer.

Telle fut la cause de la prise de Mahon, le fait est certain. Trop distrait pour se souvenir du service qu'il avait rendu, le chevalier de Lorenzi oublia d'en demander la récompense, et la cour *oublia* également de la lui accorder. Ce fut donc à ce bon Lorenzi que l'amiral anglais Byng eut l'obligation d'être fusillé, et que le maréchal de Richelieu dut la plus brillante marque des faveurs dont le gratifia la fortune, qui le traitait en enfant gâté.

A peine cet heureux favori fut-il à la tête de l'armée, en 1757, à la place du maréchal d'Estrées, que l'esprit et les dispositions de cette armée changèrent. On y vit succéder, à la rudesse gauloise, l'enjouement français; à la simplicité et à la sobriété, le luxe et la dépense; au bon ordre, l'indiscipline; au désintéressement, le pillage; à la générosité, les vexations; enfin, aux vertus guerrières, tous les vices.

Les soldats ne tardèrent point à adorer un général qui semblait encourager leurs désordres. Comme les Romains avaient surnommé leurs consuls l'*Africain*, le *Numidique*, le *Belgique*, le *Germanique*, ils nommèrent le maréchal de Richelieu le *Petit-Père la Maraude*. La guerre ne fut plus dès lors que plaisanterie, insolence. Arrivé dans le Hanovre pour en faire la conquête, le maréchal de Richelieu suivit les alliés, les obligea de se retirer à Stade, sur les bords de l'Elbe, où ils espéraient recevoir quelques secours des flottes anglaises. Alors, il força le duc de Cumberland à signer la fameuse convention de Klosterseven. Mais il ne prit pas la précaution de désarmer les quarante mille alliés, qui pourtant le demandaient eux-mêmes; car ils se composaient de paysans timides, poltrons, ramassés à la hâte, et n'aspirant qu'à rentrer dans leurs foyers.

Dans l'intention de vexer plus de pays, de

tirer plus de contributions, de rançons, de présens, de produits de sauf-conduits, de passeports, de priviléges, etc, etc., Richelieu fit une seconde faute aussi grave que la première. Il étendit ses troupes, depuis Cassel qui fermait sa droite, jusqu'à Brême et l'Ostfrise qui fermaient sa gauche, faisant ainsi occuper, aux lignes de ses quartiers d'hiver, cent lieues de front, sur presque autant de profondeur; de manière que, sur cent mille hommes qui composaient son armée, il n'y en avait nulle part dix mille réunis. Quel fut le résultat de ces deux fautes? Que les paysans poltrons s'étant aguerris, devinrent des soldats courageux et disciplinés, et que, sous les ordres du prince Ferdinand de Brunswick, pendant que le prince de Soubise se faisait battre en Saxe, ils firent, en Hanovre, un usage terrible des armes qu'on leur avait si imprudemment laissées.

De là l'infraction, par les alliés de l'Angleterre, du traité de Klosterseven et la funeste bataille de Rosback, première cause de l'expulsion des Français du Hanovre et des malheurs qui la suivirent.

Après une conduite si criminelle on eût dû faire tomber la tête de Richelieu; mais la cour de Versailles se contenta de le rappeler. Il revint chargé d'or, fit bâtir des palais, paya ses créanciers pour faire de nouvelles dettes, et jouit tranquillement de toutes ses iniquités.

C'était à réparer les honteux revers dont je viens de parler que la campagne de 1758 devait être consacrée. Mais on avait été fort embarrassé à Versailles sur le choix à faire pour remplacer le duc de Richelieu. Parmi les maréchaux qui figuraient sur l'Almanach royal, aucun n'avait paru ni assez jeune, ni assez habile, à l'exception du maréchal d'Estrées qu'on ne voulait pas renvoyer à l'armée, et qui lui-même n'eût pas consenti à y retourner. D'un autre côté, l'on craignait que les cabales et les haines qui divisaient les officiers généraux ne fissent manquer toutes les opérations. Le parti qui parut le plus propre à dissiper les inquiétudes à cet égard fut de réunir toutes les volontés sous un chef respectable par sa naissance. La cour de Versailles se détermina donc à tirer des délices de Paris et des bras de sa maîtresse le comte de Clermont ; et de lui donner le généralat, quoiqu'elle connût son insuffisance.

Le comte de Clermont était prince du sang, abbé de Saint-Germain-des-Prés, et tenait ainsi le milieu entre l'épée et l'encensoir. Le roi de Prusse rit beaucoup de cette nomination. « La cour de France, dit-il, a sans doute » épuisé tous ses généraux, puisqu'elle m'en» voie celui des bénédictions. »

Ce prince était d'ailleurs un fort honnête homme, il passait même pour un bon homme dans toute l'acception du terme, mais ses talens étaient l'équivalent de zéro. Le maréchal de Saxe n'en avait jamais été content, en 1741, dans toutes les expéditions dont il avait été obligé de le charger. On avait espéré que son premier essai belliqueux l'aurait dégoûté d'en hasarder un second, et que surtout il n'aurait jamais tenté de commander une armée. Cependant il en arriva autrement.

Il est vrai qu'il fut décidé que ce bon comte de Clermont aurait près de lui un conseil pour régler toutes ses démarches. Ce conseil était composé de quatre lieutenans-généraux : le marquis de Villemur, le comte de Mortagne, le marquis de Contades, depuis maréchal de France, et le comte de Saint-Germain.

C'est avec ces quatre officiers, que je me trouvai au dîner du ministre de la guerre. J'y vis également le comte de Morangiés, les ducs de Randan et de Brissac, les marquis d'Armentières, de Maupeou, de d'Auvet, et le comte de Turpin, officiers-généraux qui devaient aussi faire partie de l'état-major de l'armée.

Le marquis de Villemur n'avait d'autre mérite que d'être le plus ancien lieutenant-général. Il avait servi comme un brave et honnête homme, dans les guerres précédentes; mais, sans aucune marque de science ni de génie.

Le comte de Mortagne alliait à beaucoup d'esprit, à une tête très-forte, un très-mauvais cœur et une ambition pour laquelle tous les moyens étaient égaux, quels qu'ils fussent.

Le marquis de Contades, malgré son peu de lumières et de talent, était devenu, par sa bonne volonté et son application, l'un des meilleurs élèves du maréchal de Saxe; mais, il était le plus souvent malheureux.

Le comte de Saint-Germain avait l'esprit vif et droit; serein et gai dans les combats, il donnait les ordres avec une admirable précision; exact sur la discipline, sans être dur ni vétilleux; homme à grandes vues, à grandes ressources, quelquefois systématique, plein de probité sur l'article de l'argent; toute l'armée le reconnaissait pour le meilleur de nos officiers-généraux, et le plus capable de commander.

Le comte de Morangiés, fort bon homme, fort brave et fort ignorant.

Le duc de Randan, généralement respecté, méritait de l'être, par son amabilité, ses talens militaires et surtout son humanité.

Le duc de Brissac était un preux dans le genre de ceux de l'ancienne chevalerie. Ses moindres actions étaient marquées à un coin romanesque. Il avait dans ses expressions, dans son style, une tournure pittoresque originale, qui jetait un intérêt piquant dans tout ce qu'il disait et faisait. Les soldats le respectaient, l'adoraient; les peuples l'aimaient, les courtisans, qui craignaient ses railleries, le détestaient. Le maréchal de Saxe l'avait toujours employé pour les coups de collier. Son intrépidité servait d'exemple aux soldats, et jamais il n'était plus gai et plus aimable qu'au milieu du péril. Distingué par sa valeur, sa probité, son désintéressement, le duc de Brissac n'était cependant qu'un soldat; le travail de détail gênait sa témérité; son principal mérite consistait à mener des troupes à l'ennemi, à échauffer ou soutenir une attaque (1).

Le marquis d'Armentières, fort bon officier, s'était toujours distingué par sa valeur et sa probité.

Le marquis de Maupeou était brave, spirituel, caustique, emporté, avide, téméraire, et s'engageant presque toujours trop avant.

---

(1) Le maréchal de Brissac conserva jusqu'au dernier moment son caractère de paladin. En 1780, lorsqu'il mourut, à l'âge de 83 ans, il dit au curé de Saint-Sulpice : « Je n'ai pas peur de la mort que j'ai
» affrontée en vingt occasions. D'ailleurs, j'ai toujours aimé mon
» roi et mon Dieu, et je vais rendre à celui-ci ce que je lui dois. »
Ayant ordonné que son corps fût transporté à Brissac, il dit à un valet-de-chambre de confiance : « Ah çà, c'est toi qui viendras avec moi,
» qui conduiras mon corbillard; mais tu es un ivrogne : je te prie
» de ne m'arrêter et de ne me faire séjourner que le moins que tu
» pourras au cabaret sur la route. »

Sa malpropreté et son audace lui avaient fait donner le sobriquet de *garçon serrurier*.

Le marquis d'Auvet, jeune encore, qui avait appris son métier dans la gendarmerie, et avait eu peu d'occasions de pratiquer, ne savait pas se faire obéir; il était exact dans l'exécution, mais scrupuleux, inquiet et vétilleux.

Enfin, le comte de Turpin, plein de bravoure, d'esprit, de connaissances relatives à la guerre, de probité et de noblesse. Ce comte de Turpin piqua un jour la vanité du grand Frédéric, par une saillie française assez franche. En 1756, il était à Berlin, chargé de traiter avec ce monarque des contributions de ses États. Frédéric lui faisait voir son royaume sur une carte de l'Allemagne, et lui répétait, sans obtenir de réponse : « *Turpin, que feriez-vous si vous aviez mon royaume ?* » Enfin, impatienté de la répétition : « *Sire*, répondit Turpin, *je le vendrais pièce à pièce pour l'aller manger à Paris.* » C'était faire sentir, d'une manière plaisante, au roi de Prusse, que son royaume n'était composé que de pièces décousues.

Le comte de Gisors, fils unique du maréchal de Belle-Isle, faisait aussi partie de cette réunion. N'ayant que cinq ans de plus que moi, il s'était déjà distingué de la manière la plus brillante dans le comté de Nice. Depuis, à la tête du régiment de Champagne, par des prodiges de valeur, il avait assuré aux Français la victoire d'Hastembeck. Le roi, qui savait apprécier les hautes qualités de ce jeune officier, l'avait alors nommé colonel des carabiniers, corps depuis long-temps célèbre par sa bravoure et ses succès.

Tout en Gisors respirait l'héroïsme et l'amour de la gloire ; tout en lui commandait l'admiration, tandis que la douceur, la bienveillance, l'aménité, peintes sur sa physionomie noble, faisaient non-seulement pardonner sa supériorité, mais encore la faisaient chérir. Il n'avait pas été élevé dans cette mollesse qui métamorphosait alors presque tous les fils des seigneurs français, en petits personnages efféminés, frivoles et ridiculement maniérés. On lui avait donné une éducation mâle ; de bonne heure accoutumé à des travaux sérieux, à des études profondes, à des exercices de force et d'adresse, son intelligence s'était agrandie; son corps s'était endurci aux fatigues.

Dans sa garnison, il se levait à quatre heures du matin, faisait tous les jours lui-même exercer son régiment, donnait aux officiers comme aux soldats, l'exemple de l'ordre et de la discipline; hors du service, il était bon et serviable envers tous, s'il eût couru quelque danger, ses carabiniers se seraient fait tuer pour le sauver.

Dans le monde, on admirait en lui la grâce, la politesse, l'aisance aimable d'un véritable chevalier français, d'un homme de cour; cet esprit orné, facile et vif qui fait le charme de la société; enfin, les avantages brillans dont il était doué, semblaient doubler de mérite, par le naturel, l'éloignement de toute recherche et par sa modestie.

Dès la première vue, il m'avait inspiré un vif sentiment de préférence; je fus enchanté de me voir placé à table près de lui. Bientôt, une sympathie mutuelle attacha nos cœurs l'un à l'autre. A peine avions-nous eu ensemble une heure d'entretien, que nous nous aimions, nous nous jurâmes dès-lors une amitié éternelle.

Éternelle !... telle est la chimère de la jeunesse aimante ! elle entrevoit de pures délices dans les nœuds qui unissent les belles âmes ; elle croit qu'elle en jouira toujours ; si elle était dans la confidence des desseins du Très-Haut, de combien d'illusions qui la rendent heureuse elle serait privée !

CHAPITRE XXII.

Ma présentation à la cour. — Ancienne connaissance retrouvée. — Toinette sur le trottoir. — Histoire de sa fortune. — Scène de boudoir.

Le maréchal de Belle-Isle, qui avait conçu de ma personne une opinion très-favorable, vit avec plaisir l'amitié qui s'établissait entre son fils et moi; il fut le premier à me rappeler que c'était sous ses auspices que je devais faire mon entrée à la cour. Or, mes preuves de noblesse n'ayant donné lieu à aucune observation de la part des généalogistes, M. le maréchal, après avoir pris jour, me présenta au roi et à la famille royale; je chassai avec Sa Majesté, montai dans ses carrosses, et soupai dans les petits appartemens. Quelques jours après, je fus également présenté, à Paris, aux princes du sang. Telles étaient les étiquettes établies pour constituer un *homme de cour*. Je pus me considérer dès lors comme élevé à cette dignité.

Je fis alors une remarque qui m'étonna : c'est que parmi les hommes présentés, aucun officier ne se trouvait en uniforme. J'appris que, non-seulement à la cour, mais encore dans les cercles de la capitale, les uniformes étaient proscrits. Un officier, quelle qu'eût été l'illustration de sa naissance, qui se serait présenté, ainsi vêtu, un jour de cérémonie, aurait été rebuté par l'huissier de la chambre, et n'aurait pu entrer chez le roi, quand même la veille il eût prodigué son sang pour lui.

En Prusse, il n'en était pas de même : l'habit de gala de Berlin était un uniforme d'un gros drap bleu. Il y avait, il faut l'avouer, un motif qui commandait cette conduite. Si le luxe des cours de France, de Russie, de Vienne et de Dresde, s'était introduit, seulement pendant deux mois, à la cour de Prusse, le monarque n'aurait plus eu d'officiers en état de le servir dans les temps critiques, où les coffres épuisés ne permettaient pas les paiemens réguliers ; d'ailleurs, de superbes vêtemens, des broderies, des dorures éclatantes, ne sympathisaient point avec l'administration d'un gouvernement militaire. En France, au contraire, le luxe était devenu un cinquième élément. L'esprit fastueux du peuple, la fausse dignité des grands, et l'opulence insolente des traitans, voulaient des palais, des habits riches et des chevaux : ces fantaisies orgueilleuses enrichissaient le pays; il devait donner l'exemple de cette magnificence qu'il introduisait chez les autres nations. Jamais les manufactures de Lyon, et les magasins de nos artistes célèbres en colifichets, n'auraient vendu une pièce d'étoffe, ou une tabatière hors du royaume, si les gens du bel air, à Paris, n'eussent donné le prix et la vogue à ces nouveautés : il faut étaler pour vendre, et ces gens du *bel air* étaient les *échantillons* des négocians. Au surplus, il existe une loi généralement reconnue, et dont il serait imprudent de s'écarter : c'est que si le luxe perd un petit état, il en enrichit un grand.

Ma présentation à la marquise de Pompadour, aux pieds de laquelle je vis ramper des hommes d'un rang élevé, fut moins solennelle que la première. Devant cette maîtresse toute-puissante, dont les grands airs ne m'imposèrent point, sans cesser d'être poli, je me mis tellement à mon aise, qu'il eût été difficile de décider s'il y avait, dans ma conduite, de la fatuité, de l'impertinence ou de l'étourderie. De vieux courtisans me regardaient et ne savaient que penser. Eh bien ! mes manières et le ton que j'avais pris, loin de prévenir contre moi la marquise, lui plurent beaucoup, et l'accueil qu'elle me fit, le langage qu'elle me tint, furent accompagnés d'une grâce toute particulière.

Les embarras et les ennuis de ces présentations terminés, je sentis le besoin d'être seul, de rapprocher de moi, par la pensée, les objets de mes affections : je me renfermai dans mon appartement ; j'écrivis à mon père, à ma mère, à mon Augustine, à madame de Bélancour, au prieur de Saint-Nicolas. En me retraçant tout ce que je devais à ces êtres, qui semblaient à mes yeux l'élite de l'espèce humaine, les larmes que je versai étaient d'une douceur infinie, car elles prenaient leur source dans les plus purs sentimens de la nature, de l'amour et de l'amitié. Combien l'on est heureux, quand l'imagination et le cœur s'arrêtent sur des souvenirs si chers !

Cependant les jouissances qui nous charment le plus ne peuvent être que passagères. Si elles étaient durables, il n'y aurait plus de proportion entre elles et la faiblesse humaine ; leur force anéantirait l'homme. Lors même qu'elles se prolongent un peu, soit au moral, soit au physique, ce qui nous a causé une vive sensation de plaisir n'est plus qu'une peine ou qu'un ennui accablant. Après avoir passé toute la matinée, depuis l'aube du jour, à écrire, à rêver, à caresser de douces chimères, je m'aperçus que mon cerveau était fatigué, que je bâillais, et qu'il était nécessaire que j'allasse prendre l'air. Je sortis à pied ; mais, croyant que je me plairais à ressaisir le fil de mes heureuses rêveries, il me vint en idée d'aller dîner chez un *traiteur*, car les honnêtes citoyens qui servaient à manger aux consommateurs que le désœuvrement, la gourmandise ou l'appétit conduisaient à leurs tables, ne se décoraient pas encore du titre pompeux de *restaura-*

teurs (1). Là, je goûterai, me disais-je, le plaisir d'être encore seul, quoiqu'au milieu du monde.

Après avoir fait quelques tours aux Tuileries, je suivais la rue de Richelieu; bientôt plusieurs voitures qui passaient, et un brillant carosse qui s'arrêtait m'obligèrent de me ranger près de la borne d'une boutique de modiste. Un grand laquais ouvre la portière de la voiture arrêtée; j'en vois descendre une femme superbe, de vingt-deux à vingt-trois ans, et dont la mise élégante offre cette recherche soumise au bon goût, dont le caractère est de marier la simplicité à la richesse de la parure. La fraîcheur, l'é-

---

(1) Ce ne fut que huit ans après, en 1766, que les sieurs Roze et Pontaille, imaginèrent d'ouvrir un *restaurant*, ou *maison de santé*, et d'offrir au public leurs profondes expériences dans l'art de faire des consommés, dits *restauráns* ou *bouillons de prince*. Leur établissement formé d'abord rue des Poulies, fut transporté ensuite à l'hôtel d'Aligre, rue Saint-Honoré. Les *restaurateurs*, qu'on ne confondait point alors avec les *traiteurs*, n'avaient le droit de vendre que des crêmes, des potages au riz, au vermicel, des œufs frais, du macaroni, des chapons au gros-sel, des confitures et autres mets de cette légèreté et de cette délicatesse. Les traiteurs n'auraient pas souffert qu'ils eussent fourni des repas complets... La révolution mit d'accord ces fiers rivaux.

DICTIONNAIRE HISTORIQUE DE PARIS.

clat, les belles proportions de cette femme éblouissent mes yeux. Elle est prête à entrer dans le magasin de modes, dont la maîtresse vient au devant d'elle. Son regard tombe sur moi : soudain elle jette un cri de surprise et de joie, s'élance à mon cou, baise mon front, mes yeux et mes joues avec une impétueuse vivacité.

— « Mon cher, mon aimable Gustave !... que je suis contente de vous retrouver !.... Comme il est grandi ! comme il est devenu fort !... Je ne veux pas que vous me quittiez d'aujourd'hui, entendez-vous... (*A la marchande de modes.*) Madame Chevalier, venez chez moi, demain matin, pour ce bonnet et cette garniture de point d'Angleterre, que vous me ferez... Je ne puis m'arrêter plus long-temps : à demain donc... (*A moi.*) Vous, mon cher Gustave, donnez-moi la main, et montez dans ma voiture.... J'ai bonne compagnie aujourd'hui ; vous en serez content... Que de choses nous aurons à nous dire !.... montez donc..... pourquoi hésitez-vous ?.... Savez-vous, mon ami, que votre contenance est vraiment comique. »

La belle dame disait tout cela avec une volubilité de langue aussi originale que plaisante. Elle me prend la main, m'amène à sa voiture, et moi, toujours plus pétrifié d'étonnement, je ne puis concevoir comment je suis l'objet de démonstrations si prononcées de plaisir et d'amitié. Ne devinant pas à quel titre je les ai méritées, et quelle est celle qui me les prodigue, je me laisse aller à l'impulsion qu'on me donne, et me voilà dans la voiture.

Dès que la portière est fermée, et que nous sommes en chemin pour nous rendre chez mon inconnue, ma langue, muette jusqu'à ce moment, reprend la faculté de parler.

— « Je vous supplie, Madame, de me pardonner un tort que ma franchise me contraint d'avouer, quoiqu'il me paraisse très-grave... Quand on a eu le bonheur de vous connaître on ne doit jamais oublier tant de charmes... Cependant...

— » Quoi, mon cher Gustave ! vous ne reconnaissez pas celle que vous avez épiée tant de fois et que vous embrassiez de si bon cœur; celle que, pendant une certaine nuit, vous avez mise dans un si bel embarras; ainsi que votre père et l'abbé Rigobert ? »

Et la folle part d'un éclat de rire.

— « Que me dites-vous ?... Se peut-il ?... Dans ce brillant équipage !... avec cette parure !... Vous seriez Toinette ?

— » Toinette elle-même... oui, mon ami, Toinette, l'ancienne femme de chambre de votre bonne mère... Toinette, à qui un brillant équipage et les prestiges du luxe ne font pas oublier qu'une grande partie des gens qui vont à pied valent mieux qu'elle. »

Et de nouveau elle m'embrasse avec ardeur; moi, qui sais maintenant à quelle princesse j'ai affaire, je lui rends bien franchement ses baisers. Pour me conduire autrement il aurait fallu que je ne fusse qu'un simulacre d'homme, taillé dans le marbre.

L'habitude de l'aisance, d'une vie délicate, d'une infinité de soins et de procédés conservateurs de la beauté, avaient entretenu chez Toinette une blancheur de peau, un teint rosé, dont les nuances étaient, par degrés, vives ou douces; des formes dont le dessin parfait n'avait éprouvé aucune de ces altérations qui sont la suite des chagrins, des maladies ou des excès. Elle avait aussi contracté des manières faciles et gracieuses, un langage plus soigné qu'autrefois. Avec de l'esprit naturel et quelque éducation que ma mère lui avait fait donner, il ne lui avait pas été difficile d'acquérir, en peu de temps, assez d'usage du monde pour devenir aimable, et même séduisante.

Sans se faire prier, elle satisfit ma curiosité relativement à son changement de fortune. Le lecteur sait qu'elle était entrée au service de la comtesse de Valcour en quittant celui de ma mère. Madame de Valcour vint à Paris et l'y amena. Un beau jour Toinette lui demanda son congé et sortit. Bientôt on lui vit une maison montée, une toilette d'une grande élégance, des diamans, un équipage. D'où provenait la subite métamorphose de la pauvre Toinette en dame du grand ton ?

Sachez qu'à cette époque du dix-huitième siècle il était d'usage, et presque de rigueur, qu'un grand seigneur ou un riche financier, quel que fût son âge, entretînt magnifiquement une maîtresse. Son orgueil et sa vanité n'étaient jamais satisfaits si l'on ne disait dans le monde que sa maîtresse était la plus jolie de toutes les femmes de la même classe, et surtout qu'elle avait les plus beaux diamans, la table la mieux servie et le plus élégant équipage. Rien ne coûtait pour acquérir cette gloire, et l'on était désespéré si l'on se voyait surpassé par les entreteneurs des autres femmes sur des points si importans. Il résultait de cette bizarre manie une funeste émulation de dépenses, à laquelle les plus grandes fortunes résistaient difficilement.

Ces ridicules personnages n'aimaient point les femmes pour lesquelles ils se ruinaient ainsi; le plus petit nombre d'entre eux seulement essayait quelquefois dans leurs bras des sacrifices voluptueux. De loin en loin ils paraissaient chez elles; mais, souvent ils se dispensaient de s'y rendre en personne, et se conduisant comme les petits-maîtres qui voulaient passer pour des hommes à bonne fortune, ils se faisaient représenter par leurs carrosses, qu'ils envoyaient à la porte de la dame, afin d'y rester en station une partie de la nuit. Les cochers et les laquais, obligés de se morfondre à la belle étoile, juraient; les chevaux souffraient; mais, la sotte vanité du maître était satisfaite. Il lui importait peu de jouir des plaisirs de l'amour, pourvu que l'on crût qu'il en jouissait.

Ainsi, les femmes entretenues, à cette époque, différaient beaucoup de celles qui les avaient précédées et de celles qui les ont suivies.

Heureusement, l'extravagante manie d'avoir une maîtresse pour n'en faire d'autre usage que celui que l'on fait d'un cheval de parade, ou que pour le service des autres, n'a guère duré, dans sa force, plus d'une quarantaine d'années; elle s'est insensiblement affaiblie, et avant la fin du siècle on en était à peu près guéri. Les enfans ont été moins fous que leurs pères sous ce rapport: on n'a plus visé à l'éclat en entretenant une femme, et on ne l'a entretenue que pour soi.

Or, au temps dont je parle, Toinette se trouvait au premier rang des femmes entretenues. Un duc et pair, asthmatique et podagre, avait été quitté par sa maîtresse, qu'un lord anglais emmenait à Londres pour l'épouser, et il cherchait à la remplacer. Souvent, de sa fenêtre, il voyait Toinette causer avec une marchande lingère, dont la boutique était en face de son hôtel. La figure et la tournure de cette fille lui convinrent : il la fit appeler; lui déclina ses propositions; elles étaient brillantes; la rusée commère se garda bien de les rejeter, et le marché fut aussitôt conclu. Telle fut la cause de la fortune de Toinette et du changement de son nom en celui de madame de Saint-Clair.

Bientôt nous arrivâmes chez elle, boulevard Montmartre. Elle occupait la maison toute entière. Un goût exquis avait présidé à l'ameublement des différentes pièces de son appartement. Mais, c'était pour son boudoir, que, prenant les conseils de la volupté, le génie des arts avait épuisé tous les moyens de flatter les sens. Ce boudoir était vraiment le temple des délices. A peine y suis-je entré, que la fièvre des désirs s'introduit en moi par tous les pores; j'éprouve dans l'ensemble de mes organes, cette féconde agitation qui précède le mystère divin auquel toute la nature doit la vie et le bonheur. Dans mon ardente frénésie, je serre étroitement Toinette sur mon cœur, ma bouche, avide de plaisir, erre voluptueusement sur son sein palpitant, sur ses lèvres brûlantes. Loin de se refuser à mes transports, elle partage ma démence amoureuse. C'est le délire d'Érigone dans les bras du vainqueur de l'Inde... Enfin, de son aveu, jamais ce charmant boudoir n'avait été le théâtre d'une lutte plus soutenue, plus enivrante; Toinette manquait de termes pour exprimer l'admiration que lui inspiraient les rares qualités que j'avais acquises.

Mais, attendu qu'il est de règle éternelle qu'aux triomphes les plus brillans succède le repos, nous remplaçâmes le plaisir par la causerie. J'appris de Toinette, que, différente de la plupart des femmes entretenues, loin de se livrer à de folles dépenses, elle faisait des économies qui lui avaient déjà procuré, en bonnes propriétés, une vingtaine de mille livres de rentes, qu'elle espérait doubler sous peu de temps. Elle s'était fait une loi de n'accepter ni argent, ni présent, d'aucun autre que de son duc et pair, et avait pour lui des égards et des soins infinis.

— « Quand les relations que nous avons ensemble n'existeront plus, me dit-elle, je veux qu'il me conserve quelque attachement et quelque estime. Alors, avec le fruit de mes économies, je chercherai à rencontrer un homme honnête, aimable et pauvre. Je ne lui dissimulerai aucune circonstance de ma vie passée, et si ma franchise lui inspire assez de confiance pour me donner le titre de son épouse, je ne le tromperai jamais. »

A ces mots, je pouffai d'un grand éclat de rire.

— « Riez tant qu'il vous plaira, reprit-elle; l'avenir prouvera que je ne présume pas trop de moi. »

Ici, l'arrivée de plusieurs des personnes qu'elle avait invitées mit fin à notre conversation. C'étaient des femmes toutes jolies, toutes agaçantes; mais je fus étrangement surpris d'entendre annoncer des hommes titrés de haut parage, des magistrats, des académiciens célèbres, des beaux-esprits à la mode, et jusqu'à des abbés.

J'ignorais encore que par une des singularités de cette époque, où les mœurs de la régence avaient laissé des traces encore très-profondes, les maisons tenues par quelques-unes des femmes de la classe de madame de Saint-Clair, étaient des lieux de réunion pour la meilleure compagnie en hommes de la cour et de la ville. Les grands seigneurs se plaisaient beaucoup dans ces sortes de maisons, parce qu'ils y étaient affranchis de la gêne de l'étiquette, sans y substituer la licence; parce qu'il y régnait un épicurisme délicat, un laisser-aller aimable et spirituel, et qu'ils pouvaient y jouir du plaisir d'une familiarité polie, avec des hommes d'un commerce instructif et gai, que les convenances établies plaçaient dans le monde, à une grande distance au-dessous d'eux.

La politesse prévenante et gracieuse avec laquelle madame de Saint-Clair faisait les honneurs de sa maison était pour moi un autre sujet d'étonnement. Ce fut surtout pendant le dîner, que l'aisance de ses manières, son enjoûment, ses attentions, graduées sans affectation, selon le rang de chacun des convives, me frappèrent. « Où Toi-
» nette, me disais-je, a-t-elle appris à saisir

» si facilement ce qui tient à des convenances
» dont l'étude n'a point fait partie de son édu-
» cation ?» En l'observant plus attentivement,
je m'aperçus que la friponne avait beaucoup
de mémoire, et que la nature l'avait particulièrement douée du talent de l'imitation.
Long-temps elle avait vu ma mère, au milieu d'un cercle nombreux, ou faisant les
honneurs de sa table : eh bien ! à l'exception de cet air de noblesse et de dignité, qui
tient tellement à la personne, qu'on ne peut
l'imiter sans grimaces, elle copiait, avec une
fidélité inconcevable, et les manières, et les
gestes de la duchesse, et une infinité de petites
habitudes qui échappent à la description.
Comme elle m'avait placé près d'elle, je lui
fis part de ma remarque. « Vous avez deviné
» juste, me répondit-elle ; mais mon but ayant
» été d'étudier l'art de plaire, vous convien-
» drez que je ne pouvais choisir un meilleur
» modèle que celui que j'ai pris ? » Flatté de
sa réponse, je lui répliquai : « Il y a, ma
» chère, deux choses que vous n'avez imitées
» de personne : l'esprit et l'amabilité. »

CHAPITRE XXIII.

Les femmes entretenues. — Les Grecs de Paris.—Aglaé et le marquis de Louville.— Enlèvement.— Ordre de début à l'Opéra.— Trahison.— Repentir. — Madame de Saint-Clair protectrice d'Aglaé.

———

Après le dîner, différentes conversations s'engagèrent dans le salon, madame de Saint-Clair, en causant particulièrement avec moi, me fit connaître la plupart de ses convives.

— « Cette brune, rondelette, aux yeux effrontés, à la mine si réjouie, a reçu le nom de Cléophile; son origine n'est pas plus relevée que la mienne. Elle était femme de chambre d'une marquise, et fut lancée dans le monde par un ambassadeur. Mais elle est restée ce qu'elle était, c'est-à-dire sotte, ignorante, libertine, triviale dans ses manières et dans son langage; elle croit suppléer à l'esprit qui lui manque par un déluge de pointes et d'équivoques d'un genre presque populaire, et qu'elle jette à tort et à travers, du ton d'une grosse étourderie ; elle ne reçoit chez elle que des roués et des grecs...

— » Des Grecs !... bien différens sans doute des contemporains de Périclès, car votre Cléophile n'est point une Aspasie.

— » Les grecs dont je parle, mon ami, sont nés en France. C'est sous cette dénomination que l'on désigne les joueurs passés maîtres dans l'art de corriger la fortune au jeu. Croiriez-vous que ces escrocs forment une corporation ? Croiriez-vous que les principaux membres qui la composent tiennent un rang élevé dans le clergé, dans la noblesse, dans la robe, dans le haut et le moyen commerce, dans la haute et basse finance ? Ils se répandent non-seulement à la cour de France, mais dans presque toutes les cours de l'Europe, dans les cercles distingués des différentes capitales, aux eaux de Plombières, de Spa, d'Aix-la-Chapelle, etc., etc. Sachant à fond tous les calculs des jeux de société, ils ont, au suprême degré, le talent de faire tourner les chances en leur faveur dans les jeux de hasard. Ainsi, toujours certains de gagner, ils jouent très-gros jeu.

» Une singularité remarquable, c'est que tout assuré que l'on est qu'on succombera si l'on joue avec eux, la mode, l'habitude, la fureur du jeu sont poussées à un tel excès, qu'on les recherche, et qu'on tire vanité de faire leur partie.

» A l'affut des étrangers riches ou décorés d'un grand nom qui arrivent à Paris, ils ont toujours prêts des moyens de séduction de tous les genres pour les attirer dans leurs filets; en peu de temps ils en font leurs tributaires, s'ils ne les ruinent complètement.

» Ceux d'entre eux que l'on nomme de *bonne compagnie*, ont le privilége de porter des *banques* à la cour; il y a des banquiers *ad hoc* chez le roi, chez les princes et les princesses. Avec une effronterie sans exemple, les duchesses ont pris l'habitude d'y escroquer journellement les joueurs crédules qui leur confient leur argent : si la carte de ces joueurs gagne, elles gardent la mise et le gain et prétendent qu'elles n'ont rien reçu. Plusieurs fois le roi s'est aperçu de cette filouterie ; il a pris ces dames en flagrant délit et les a averties ; mais comme il n'y a rien de plus impudent aujourd'hui qu'une femme de cour, l'impunité les encourage à continuer. Les banquiers voyent très-bien leurs tours de passe-passe, mais n'osent le manifester.

» A l'exemple de la cour, les ambassadeurs ont imaginé d'établir aussi des banques de jeux de hasard dans leurs hôtels. Ils sont loin de se montrer difficiles sur l'introduction des joueurs : la présentation exigée avant d'y paraître n'est qu'une formule vaine qui n'empêche pas de recevoir des gens de toute espèce. Les hôtels de ces étrangers étant sacrés, on élude ainsi les règlemens et la surveillance de la police.

» Les bénéfices que les grecs font par les jeux de hasard, se réunissant au produit des jeux de société, donnent à ces messieurs les moyens de tenir l'état le plus splendide. Quelquefois ils jouent à crédit entre eux et avec leurs victimes. Alors il existe un usage dont on a fait un point d'honneur : il consiste à n'accorder que vingt-quatre heures pour acquitter les dettes du jeu; mais si la somme trop forte ne peut être réalisée dans un si court délai, un honnête entremetteur offre sa médiation. L'introducteur du perdant se charge presque toujours de ce rôle. Il arrange l'affaire en faisant souscrire des billets d'honneur à celui qui se trouve justiciable du tribunal des maréchaux de France, et des lettres-de-change aux banquiers, négocians, etc. Dès qu'arrive l'échéance, dont le délai toujours est très-court, on poursuit le paiement d'une dette de cette nature avec une rigueur bien plus inexorable que celle qu'on met lorsqu'il s'agit de la dette la plus légitime.

» De très-hauts et très-puissans personnages autorisant, par leur conduite, le goût effréné que l'on a aujourd'hui pour le jeu, il en résulte que la déloyauté des grecs a presque l'autorisation de s'exercer avec la certitude de l'impunité. Les Grecs de la première classe usent largement de cette autorisation, et ceux des seconde et troisième, faisant partie de la corporation, se sauvent sous la protection de leur chefs.

» Plusieurs de ces grecs de la première

classe, portant des noms qui impriment l'idée de l'honneur, de la loyauté, il est difficile, qu'un homme honnête, confiant ne devienne pas leur dupe. Leurs hôtels ne sont jamais le théâtre de leurs exploits, souvent même ils n'y admettraient point ceux qu'ils dépouillent en maison-tierce. Les maisons où ils se réunissent sont presque toujours tenues par des grecs subalternes parés de faux titres, ou par des femmes du genre de Cléophile.

» Si la malheureuse dupe découvre les friponneries que l'on a employées pour la dépouiller, et si elle exige, pour le moins, la restitution des billets souscrits, ce n'est qu'en champ-clos, le pistolet ou l'épée à la main qu'elle peut l'obtenir, et l'issue de l'affaire doit être la mort de l'un ou de l'autre des combattans. Cependant, presque jamais les duels de ce genre n'ont lieu, parce que le point d'honneur exigeant qu'on ne se batte avec celui à qui l'on est censé devoir que quand on l'a payé, il faut d'abord s'acquitter. Dès lors, il n'existe plus de but pour le combat, et la victime cesse de vouloir risquer sa vie contre celle d'un homme qu'elle méprise.

» Presque tous les tours de passe-passe de ces brillans fripons finissent par être connus; mais on a des ménagemens à garder, surtout avec les grecs de la première classe : la plupart imposent par leur naissance et leur rang, par l'illustration de leurs parens et de leurs alliés. Si l'on parle de leurs infamies, on ne s'y hasarde que tout bas, et l'on craint encore de s'adresser à quelque proche parent ou à quelque ami de l'escroc. Telle est la corruption des mœurs de nos jours; tel est l'avilissement de la noblesse.

» Plusieurs de ces messieurs ont tenté de m'enrôler dans leur bande; mais l'amour de l'argent ne me domine point assez pour entrer en partage de celui qu'on vole; j'aimerais mieux redevenir la pauvre Toinette. Je suis l'ennemie déclarée des grecs; ils se méfient autant de moi que si j'étais une femme vertueuse. Plusieurs de celles qui ont été jetées dans le monde, ainsi que je le suis, ont à cet égard les sentimens que je professe. Mais un trop grand nombre exerce l'odieux emploi d'attirer les dupes dans les piéges des Grecs. Je suis obligée de recevoir quelques-uns de ces hommes-là à cause du nom considéré qu'ils portent ou plutôt qu'ils traînent. Tels sont : cet élégant baron de T*** et ce gros comte de D*** que vous voyez causer ensemble, en nous observant du coin de l'œil comme s'ils cherchaient à deviner ce que je dis. Je sais qu'ils me détestent et qu'ils ne viennent chez moi que pour m'épier.

» Vous voilà averti, mon cher Gustave. Ces gens-là vous regarderont comme un bon pigeon à plumer; ils vous feront des avances, des cajoleries, étudieront vos goûts et votre côté faible, et vous entoureront de séductions. Si vous leur cédez, vous augmenterez le nombre de leurs victimes. »

Je remerciai de cœur cette chère Saint-Clair de ses excellens conseils, que je ne tardai pas à mettre à profit. Si elle ne m'eût fait une peinture si vraie de la perversité qui régnait, pendant la seconde moitié du dix-huitième siècle, jusque dans les premières classes de la société, il est présumable que je me serais laissé séduire par quelques-uns des successeurs de ce comte de Grammont, qui, dans ses Mémoires, rédigés par son beau-frère

Hamilton, ne considère les friponneries au jeu que comme des *gentillesses* pourvu que l'on ait un esprit enjoué, et qu'on soutienne ses escroqueries l'épée à la main. Ce renversement épouvantable de tous les principes de la morale était encore un des effets de la dégradation à laquelle la régence avait fait descendre les mœurs.

Continuant ses portraits, madame de Saint-Clair me fit remarquer une grande demoiselle, d'une taille parfaitement dessinée, d'une très-jolie figure, mais dont les attitudes, les manières et la grâce, offraient une précision, un fini, une exagération, qui ne pouvaient être que le produit d'une étude longue et suivie, dont il semblait que l'on avait exclu le naturel et le véritable bon goût.

— « Cette demoiselle, me dit madame de Saint-Clair, se nomme de Moncy. Sa mère, aujourd'hui sa première domestique, la destina, dès l'âge le plus tendre, à l'état de femme entretenue.

— » Quoi! m'écriai-je, est-il possible qu'une mère?...

— » Rien de plus commun à présent : c'est

aussi l'un des traits caractéristiques des mœurs actuelles, que d'indignes parens élèvent leurs filles pour en faire des courtisanes.

— » Quelle abomination !

— » On a donné à celle-ci des maîtres dans tous les arts d'agrément : elle excelle à danser, à chanter, à toucher du piano, à pincer de la harpe; elle déclame des tirades de tragédie; sa tête est meublée d'une infinité d'anecdotes, de bons mots et de saillies. Malheureusement, il lui manque ce qui seul donne du prix aux talens : une âme ! Il en résulte que tout, chez mademoiselle de Moncy, n'est qu'affectation, effet du travail; c'est une machine à ressorts, très-bien réglée, dont les mouvemens et les sons n'éprouvent aucun dérangement dans l'uniformité de leur retour, mais qui ne porte, ni au cœur, ni à l'esprit, aucune impression de plaisir ou d'intérêt. Cette jolie personne fait des frais inconcevables, afin de plaire, et n'y parvient presque jamais. La recherche et l'afféterie peuvent séduire au premier coup-d'œil; mais cette séduction ne dure qu'un instant. Mademoiselle de Moncy a été vendue, par sa mère, à un opulent trésorier-général; il se ruine pour elle, et l'imprudente dissipe follement tout ce qu'il lui donne.

» Entourée d'acteurs d'un ordre inférieur, de musiciens médiocres, de danseurs et de petits rimeurs faméliques, elle dépense tout avec eux; la pauvreté ne peut manquer d'être l'effet de cette conduite : alors quelle sera sa destinée? Pour vivre, elle finira par jouer la comédie dans quelque ville obscure de province.

— » Et cette intéressante personne qui a un air si modeste, une tenue si décente, et dont les yeux expriment la mélancolie?

— » Aglaé? Celle-ci est pour moi un véritable sujet d'affliction. C'est une enfant de seize ans, bien née; son éducation a été brillante. Douée d'un cœur excellent, de sentimens nobles, d'un esprit cultivé, jugez, mon cher Gustave, de ce qu'elle doit souffrir dans une société indigne d'elle.

» Un instant égarée, Aglaé a fui le toit qui l'a vu naître. Combien cette erreur de jeunesse lui a coûté de larmes! Les apparences l'accusent; et pourtant, entourée des pièges de la séduction, elle s'est conservée pure comme aux jours de son enfance. Accablée sous le poids de la malédiction paternelle, l'infortunée a cherché vainement à faire entendre le langage de la vérité; ses parens inflexibles ont refusé d'y croire; ils l'ont repoussée avec dureté, avec mépris; l'asile heureux où s'écoulèrent ses premiers ans est fermé pour elle; bannie, abandonnée de ceux qui devraient la secourir, la protéger, l'infortunée n'a que moi pour appui.

» Retirée dans ma maison, je veille sur elle avec toute la tendresse, toute la vigilance d'une mère. Mes égaremens, Gustave, m'ont appris ce que je dois faire pour la préserver des écarts que je n'ai pas su éviter. Mais je le sens, ma protection même la déshonore; je voudrais l'éloigner d'un séjour que l'innocence, la pudeur ne peuvent habiter sans rougir. Aglaé n'ignore point que ma position dans le monde a quelque chose d'avilissant; elle connaît la distance qui sépare le vice et la vertu; elle sait quelle tache notre intimité peut imprimer à sa réputation; et, malgré cela, l'amitié, la reconnaissance l'attachent à moi. Elle me chérit; vous le dirai-je? elle me révère. Mon ami, Aglaé ne me quittera jamais, si son père ne révoque le terrible anathème dont il l'a injustement frappée.

— »Ce que vous me dites m'intéresse et pique ma curiosité. Expliquez-moi par quelles fâcheuses circonstances Aglaé.....

— » Se trouve ainsi sous ma tutelle? Vous allez le savoir.

» Une antique probité, une fortune honnête, une place honorable à Lille en Flandres avaient mérité à son père la considération publique. Sa mère est une femme généralement respectée; et, croyez-moi, Gustave, Aglaé, pénétrée des devoirs que la vertu impose à son sexe, a conservé la pureté de principes qu'on a fait germer en elle; mais hélas! bonne, crédule, sans expérience, elle rencontra dans les cercles où l'élite de la société de Lille se rassemblait, le jeune et riche marquis de Louville, major d'un régiment de cavalerie. Beau, bien fait, homme aimable, adroit séducteur, Aglaé lui plut, il voulut lui plaire; la pauvre enfant ne sut point défendre son cœur; elle aima éperduement, comme on aime toujours pour la première fois.

» Le marquis, en façonnant cette âme neuve, ardente aux impressions qu'il voulait faire naître, fit promettre à Aglaé de taire à ses parens leur mutuelle tendresse, jusqu'à ce qu'il eût obtenu des siens l'autorisation de la demander en mariage.

» Un tel mystère chagrinait cette amante ingénue. Heureuse de son amour, fière d'être aimée de de Louville, elle eût désiré que son secret n'en fût un pour personne. Elle sentait l'impérieux besoin d'épancher sa joie dans le sein d'une amie, et souvent elle était tentée de prendre sa mère pour confidente.

» Le marquis, dépositaire des moindres pensées d'Aglaé, craignant qu'une inconséquence ne fît échouer ses projets, crut devoir employer la ruse pour obtenir des faveurs que l'amour ne voulait accorder qu'à l'hymen. Malgré ses instances réitérées, de Louville ne pouvait décider Aglaé, ni à le recevoir à l'insu de ses parens, ni à se rendre seule dans les endroits où il l'eût rencontrée sans témoins. Cette opiniâtre résistance blessa l'amour-propre du marquis, irrita ses coupables desirs. Il régnait sur le cœur d'Aglaé; la posséder ou rompre avec elle, telle fut sa résolution. De Louville supposa donc qu'un ordre du ministre le rappelait à Paris; Aglaé fondit en larmes, en apprenant cette fatale nouvelle. Se séparer de l'homme qu'elle adorait, était un sacrifice qui lui semblait impossible. Dans son désespoir, elle supplie son amant de déclarer hautement son intention de la prendre pour femme. Alors, dit-elle, il me sera permis de parler de vous en votre absence, de vous écrire, de recevoir vos lettres; ne m'enlevez pas l'unique consolation qui me reste. De Louville refusa toujours, sous le prétexte qu'une démarche de cette nature, faite sans l'agrément de son père, homme dur, orgueilleux, puissant, jaloux de ses prérogatives, exciterait sa vengeance. Une demande qu'il n'aurait point approuvée, répétait-il souvent à Aglaé, l'irriterait; il userait de ses droits pour empêcher notre union. Et des liens contractés sans son aveu seraient aussitôt rompus que formés. Aglaé, il n'est qu'un moyen : consentez à me suivre. — Jamais,

jamais, répond-elle éperdue; le devoir, l'honneur... — Aglaé, ajoute-t-il, d'une voix tendre, persuasive, vous rendre à mes désirs, c'est hâter l'heureux instant que nous appelons l'un et l'autre de tous nos vœux. Mon père, charmé, ainsi que moi, des grâces, de l'esprit, des talens aimables, des précieuses qualités qui vous distinguent, touché d'une respectueuse soumission, bénira notre alliance. — Et ma famille me maudira ! s'écrie, en sanglottant, la jeune fille, qui frémit à l'idée de fuir avec de Louville, et ne peut se résoudre à se séparer de l'amant qu'elle idolâtre. Un long et pénible combat s'engage entre l'amour et le devoir. Le marquis s'en aperçoit; prévoyant un triomphe, il devient plus pressant; sa perfide éloquence persuade à Aglaé, qu'un prochain mariage l'absoudra de la faute qu'elle va commettre, lui rendra la publique estime et la tendresse de ses parens. Cet espoir achève de vaincre les scrupules de sa confiante victime. Aglaé se laisse enlever.

» Enivré de ce premier succès, le ravisseur croit assouvir sans obstacle sa passion criminelle. De Louville se trompe; cette jeune fille, si douce, si imprudente, oppose une héroïque résistance aux désirs de l'idole de son cœur, lui impose même par la force de son caractère. Le langage le plus tendre, les prières, les larmes, le désespoir, ne peuvent étouffer le cri de sa conscience; la vertu, l'honneur, ont sur elle plus d'empire que le délire des sens; sans le titre d'épouse, Aglaé n'appartiendra point à l'amant qui l'obsède ; elle le jure, et prend le ciel à témoin de son serment.

» Le marquis, désabusé, dissimule son dépit; il craint, en usant de violence, que sa proie ne lui échappe et qu'il ne puisse la ressaisir; mais en la traitant avec les ménagemens, les égards, le respect qu'elle exige de lui, de Louville espère ne retarder la défaite d'Aglaé, que pour mieux s'assurer la possession de ses charmes.

» Dès l'arrivée des fugitifs dans cette ville, le marquis donne à celle qu'il y a conduite un grand état de maison, une toilette brillante, un somptueux équipage. Aglaé persuadée que l'éclat dont elle est environnée est un garant certain de la pureté des intentions de son amant, se complaît dans la situation nouvelle où le sort l'a placée, se berce des plus riantes illusions; mais hélas! ce bonheur est de courte durée : l'infortunée apprend que le marquis est époux et père, que sa femme, son enfant habitent Versailles, que la famille de de Louville ignore encore son retour à Paris.

» Vous devez concevoir, Gustave, le désespoir d'Aglaé; elle comprend alors toute l'énormité de sa faute. De Louville l'a trompée, le monstre lui destinait un rôle dégradant, celui de sa maîtresse... elle ne l'est point, jamais elle ne le sera; mais qui pourra le croire? en fuyant avec lui ne s'est-elle pas avilie? Égarée, hors d'elle-même, Aglaé quitte l'hôtel où de Louville l'a installée; rejetant avec mépris les riches présens qu'elle tient de ses libéralités, elle ne dispose que de quelques louis et se réfugie dans le quartier populeux de la Cité, en choisissant pour demeure une chambre située au dernier étage d'une maison de peu d'apparence. A peine y est-elle entrée qu'une missive, adressée au marquis, lui apprend qu'au plus tendre amour a succédé l'indignation, la haine, et qu'Aglaé ne le reverra jamais.

» Les précautions qu'elle a prises pour n'être point suivie, lui font espérer que son séducteur ne pourra découvrir sa retraite. La lettre part; Aglaé est en proie au plus violent chagrin; le coup terrible qui l'a frappée l'accable, l'anéantit, sa tête se perd, une fièvre brûlante calcine son sang : dans son délire elle appelle la mort à grands cris. Ses voisins, effrayés, pénètrent chez elle; les yeux hagards, les cheveux en désordre, elle marche au milieu d'eux sans les voir, sans les entendre. On court chercher un médecin; il arrive; une maladie grave s'est déclarée; Aglaé est aux portes du tombeau.

» Précisément ce jour-là, de Louville, qui fréquentait ma maison, vint me prendre pour me présenter à Aglaé; il désirait que je me liasse avec elle. Chaque fois que je le voyais il me parlait de cette intéressante personne, dont il était éperdûment épris, et je savais que toutes ses tentatives pour obtenir même la plus légère faveur avaient été infructueuses.

» Le marquis espérait trouver en moi un

puissant auxiliaire; et, quoique je n'eusse nullement l'intention de seconder ses desseins, je crus devoir ne pas le détromper. Ma curiosité était vivement excitée... Je désirais connaître Aglaé, elle m'intéressait; j'admirais cette vertu courageuse que l'amour, la séduction ne pouvaient ébranler. J'acceptai donc la main et la voiture du marquis, et nous arrivâmes à l'hôtel en même temps que le porteur du message de la pauvre fugitive; il le remit à de Louville qui le prit sans l'examiner, s'éloigna, et nous montâmes chez Aglaé avant que l'enveloppe fût rompue.

» Les domestiques ignoraient la fuite de leur maîtresse, nous ne l'apprîmes que par le contenu de la lettre que le marquis désespéré me remit que je lus tout entière. Vous jugez, Gustave, quelle dut être sa fureur.—Elle sait que je suis marié! s'écria-t-il avec un accent déchirant, elle est perdue pour moi! Qui donc a pu l'en instruire?... Comment retrouver ses traces? Le commissionnaire est parti, je l'ai à peine remarqué; peut-être m'eût-il donné quelques renseignemens... Suis-je assez malheureux! Aglaé! Aglaé! je ne te verrai plus!...

» Par un de ces fortunés hasards que nous envoie la Providence, je connaissais le porteur de la lettre. Cet homme, nommé Ambroise, avait été palefrenier de la comtesse de Valcour lorsque je remplissais près de cette dame les humbles fonctions de femme de chambre. Ivrogne incorrigible, il fut congédié; resté long-temps sans place, Ambroise ne pouvant servir individuellement personne, se décida à servir tout le monde; il s'établit, en conséquence, au coin d'une borne vers la cour de la Sainte-Chapelle; il m'en prévint, et plusieurs fois en passant je l'y avais aperçu.

» Je me donnai bien de garde de faire part de cette circonstance au marquis; j'avais mon projet, j'étais impatiente de le mettre à exécution; après quelques phrases banales que je ne pouvais me dispenser d'adresser à de Louville, dont l'abattement m'affectait sans m'inquiéter, je le quittai, je montai dans un fiacre en disant au cocher de me conduire rapidement à la cour de la Sainte-Chapelle.

» Ambroise était de retour, je le fis appeler; il accourut, et, comme la première fois, la métamorphose de Toinette l'empêcha de la reconnaître. L'ayant invité à entrer dans la voiture, à s'asseoir en face de moi, il obéit. Accablé de questions, cet homme prétendit ne pouvoir satisfaire ma curiosité. Pourtant, je remarquai en lui quelque embarras; je le pressai, j'offris de l'or; il allait parler. A la joie qui se manifesta sur mon visage, la crainte de commettre une mauvaise action lui ferma la bouche. Prières, supplications, furent dès lors inutiles. Ambroise, gardant le plus absolu silence, se disposait à descendre du fiacre, lorsque j'imaginai, pour le rendre plus confiant, de lui avouer qui j'étais.

» Le pauvre diable ouvrit de grands yeux; il avait peine à croire ce qu'il entendait; mais je lui rappelai des circonstances qui le convainquirent de la vérité. Ce que j'avais prévu arriva; je sus tout ce qu'il m'importait d'apprendre. Ambroise, récompensé largement, entra gaîment au cabaret; moi, je me rendis chez Aglaé, que je trouvai dans un état très-alarmant.

» Les soins empressés que je lui prodiguai, ceux qu'elle reçut par mes ordres, eurent un plein succès. Je voyais chaque jour la malade. Son docteur, prévenu par moi, me fit passer pour une de ses parentes, femme riche, charitable, qui portait des secours aux malheureux, des consolations aux affligés. Lorsque Aglaé fut hors de danger, je continuai mes visites. La convalescence fut longue. Pénétrée de reconnaissance, cette aimable enfant me confia ses torts et ses chagrins. Elle haïssait son séducteur, et ne pouvait se dispenser de parler de lui.

» Ingénieuse à lui offrir des consolations, je ramenai progressivement le calme dans son âme ulcérée; l'amitié versa sur ses blessures un baume salutaire.

» Après d'inutiles recherches, de Louville, perdant tout espoir de retrouver Aglaé, avait rejoint son régiment en garnison à Verdun. Dès qu'il fut parti, j'engageai ma jeune amie à venir loger dans mon hôtel; elle y consentit. Son appartement est séparé du mien. Je mets la plus scrupuleuse attention à éloigner de ses regards tout ce qui blesserait sa pudeur. Aglaé ne paraît jamais dans mes réunions, l'exemple des femmes que je reçois pourrait être contagieux pour elle. Mais aujourd'hui, mon cher Gustave, j'étais si heureuse de vous avoir retrouvé, qu'oubliant les conseils de la prudence, j'ai voulu lui faire partager ma joie, en l'engageant à passer avec nous une soirée à laquelle vous deviez assister.

— » Je vous sais gré de cette attention, dis-je à madame de Saint-Clair, en lui serrant affectueusement la main; » et je lui témoignai mon étonnement de ce que des parens aussi respectables que ceux d'Aglaé, n'avaient point, en invoquant les lois, arraché leur fille à son infâme séducteur.

— « En arrivant à Paris, me répondit Toinette, le marquis avait eu la perfide adresse de persuader à Aglaé, que pour aplanir les obstacles, que sa famille outragée mettrait sans doute à leur union, elle devait s'affranchir de l'autorité paternelle. L'imprudente eut la faiblesse de suivre le conseil qui devait préparer son déshonneur, en garantissant l'impunité des coupables entreprises de son amant; et de Louville profita de cette disposition, si favorable à ses projets, pour anéantir les droits sacrés que les parens de sa victime avaient sur elle. Sans respect, sans égards pour ceux dont il venait de consommer la honte, il les fit prévenir, qu'Aglaé, devenue maîtresse absolue de ses actions, ne redoutait plus ni leur colère, ni leur vengeance; ils maudirent l'ingrate qui les avait abandonnés, et tout espoir de rentrer en grâce fut perdu pour elle.

— » Et comment, dans un état policé, peut-il exister un scandaleux abus qui permette à une fille mineure de se soustraire à l'autorité la plus respectable ?

— » Dites plutôt un exécrable usage, qui a force de loi, et favorise la débauche, la corruption; oui, Gustave, il suffit que la demoiselle qui veut s'émanciper soit munie d'un ordre de début à l'Opéra.

— » Je ne comprends pas ce qu'un ordre de début peut avoir de commun...

— » C'est la plus puissante égide. Faites obtenir un ordre de début à la fille dont la surveillance paternelle arrête, combat les inclinations vicieuses, dès ce moment elle sera indépendante; ses parens n'auront aucun droit sur elle; toutes les tentatives qui tendraient à la faire rentrer dans le devoir seraient infructueuses. Il lui sera permis d'afficher à leurs yeux la conduite la plus dissolue, de braver les reproches, et de rire du déshonneur qu'elle imprime à des noms jusque-là irréprochables (1).

— » Si vous ne chargez le tableau, c'est le comble de l'avilissement et de la corruption.

— » Cela est ainsi, Gustave, et surtout dans la classe la plus élevée de la société ; car ce n'est que pour favoriser les vices et la scélératesse, auxquels elle se livre, qu'on a recours aux ordres de débuts à l'Opéra.

— » Pauvre Aglaé ! cet abominable usage, en attirant sur ta tête un foudroyant anathême, t'a assimilée à ces misérables créatures qui s'enorgueillissent de l'infamie.

— » Plus digne de pitié que de blâme, elle payerait de sa vie ce pardon, qu'elle n'ose

---

(1) Croyant ne travailler qu'à la prospérité de l'Opéra, Louis XIV avait ordonné que ce théatre serait pour les filles qui y entreraient, un asile contre les poursuites de leurs parens. Mais on fit ensuite de cette ordonnance un abus si coupable qu'à son avénement au trône, en étant instruit et voulant rétablir, autant qu'il était possible dans une grande ville, le bon ordre et l'honnêteté des mœurs, Louis XVI s'empressa d'abolir ce réglement scandaleux.

solliciter...... Oh ! quel trait de lumière !....., c'est le ciel qui m'inspire. Je ne puis en ce moment vous communiquer mon dessein...... Gustave, on s'approche de nous; depuis longtemps séparée de la société qui m'ennuie, mais à laquelle je dois au moins un simulacre d'égards, je vais vous quitter, mon ami. Promettez-moi de revenir demain matin ; vous pouvez me rendre un service inappréciable,... un service que la vertu même autoriserait... Gustave, je vous en conjure, promettez-moi de revenir demain matin. »

L'air profondément ému de cette femme singulière fut communicatif. Je promis, aussi attendri qu'elle, tant la sympathie avait électrisé mon âme, d'être exact au rendez-vous.

Le baron de T*** et le comte de D***, ces grecs de haut parage, qu'elle m'avait désignés, et mademoiselle Cléophile, s'approchèrent de nous. Ayant appris qui j'étais, les deux premiers avaient déjà dressé leurs batteries. Ils me dirent les choses les plus flatteuses, et me proposèrent de me présenter dans telles et telles maisons qu'ils me disaient être les plus agréables de Paris. Grâce à madame de Saint-Clair, j'étais sur mes gardes, et me débarrassai d'eux par des défaites polies. Ils n'en furent pas dupes, car je vis le dépit dans leurs yeux, malgré le talent de la dissimulation, qu'ils possédaient au suprême degré. Au reste, il m'importait peu qu'ils fussent contrariés ou satisfaits.

Je fis quelques tours dans le brillant salon de madame de Saint-Clair; j'examinai toutes les femmes qui, après avoir cherché à s'éclipser par l'éclat de leur parure, faisaient mutuellement assaut de coquetterie pour captiver les regards d'hommes indifférens, qui ne s'occupaient d'elles que par désœuvrement, et sans remarquer les frais prodigués pour leur plaire.

Aglaé, seule, fixa mon attention, et reçut de moi les témoignages d'un intérêt réel et respectueux. Je causai avec cette charmante enfant; ce que j'entendis me confirma dans la haute opinion que le récit de madame de Saint-Clair m'avait donnée de l'intéressante victime du marquis de Louville. Après un entretien qui me parut court, quoiqu'il eût duré près de deux heures, je pris congé d'elle, et, plein de son souvenir, je me retirai et m'endormis bientôt aussi profondément que ce prélat de la Sainte-Chapelle, qui, suivant Boileau, laissait

« A des chantres gagés le soin de louer Dieu. »

CHAPITRE XXIV.

Action édifiante d'une courtisane et d'un jeune fou. — Brebis égarée ramenée par eux au bercail.

Le lendemain, dès neuf heures du matin, je retournai chez madame de Saint-Clair. Elle n'était point encore levée. *L'occasion fait le larron*, proverbe plein de vérité et de profondeur ! J'étais venu dans le dessein de participer à une bonne action. Mais, oserai-je le dire ?... Pourquoi non ! quelle fausse honte pourrait m'imposer silence ? Le lecteur ne me connaît-il pas maintenant comme s'il m'avait fait lui-même ? Il sait que j'adore Augustine à l'égal d'une divinité ; mais il sait aussi, que la partie sensuelle de mon être est incorrigible. Il ne sera donc nullement surpris, si je m'accuse de n'avoir pu impunément contempler sur un lit moelleux et galant, le plus beau corps féminin que j'aie vu de ma vie, et dont aucun voile ne me dérobait les formes ravissantes. Enfin, il jugera qu'il était alors bien naturel que je fisse avec Toinette, une répétition de la scène enivrante dont la veille, dans le boudoir, nous avions été l'un et l'autre si satisfaits.

Un bon déjeuner, que ma succulente partenaire fit apporter, nous restaura; puis nous traitâmes à table un sujet plus édifiant que celui dont l'esprit tentateur venait de nous occuper.

— « Votre peu de sagesse et le feu mal éteint que votre présence a ranimé dans mon cœur, me dit madame de Saint-Clair, m'ont fait oublier quelques instans la pensée qui depuis hier me domine exclusivement. Mais j'y reviens, mon aimable ami; prêtez-moi toute votre attention.

— » Encore un baiser, et je suis tout oreilles.

— » En voici deux; je paye double; écoutez bien. Les respectables parens d'Aglaé n'ont pas eu le courage de rester à Lille, où tout leur rappelait la faute de leur fille. Après avoir vendu les propriétés qu'ils avaient dans le pays, ils sont allés s'établir dans la ville de

Pont-à-Mousson. Or, mon ami, voici ce que j'ai imaginé : il est certain qu'Aglaé ne résistera pas long-temps à la douleur que lui causent les chagrins dont elle empoisonne les jours de son père, de sa mère, et surtout leur malédiction. Rentrer en grâce près d'eux, serait le seul moyen de la sauver d'une fin prématurée. Mais pour négocier un raccommodement si desiré, il faudrait une personne qui, par ses vertus et une haute considération justement acquise dans le monde, commandât la confiance, et fût un garant de l'innocence, du repentir sincère de l'infortunée qu'elle protègerait... J'hésite à vous faire part de l'espérance que j'ai osé concevoir à cet égard...

— » Pourquoi cette hésitation ?... Votre intention est trop louable pour ne pas être approuvée ; si je puis la seconder, vous devez compter sur mon zèle.

— » Cette assurance m'encourage... Il m'est donc venu en idée que nous sauverions cet enfant, si vous daigniez solliciter en sa faveur l'intervention de madame votre mère. Pont-à-Mousson n'est éloigné que de cinq lieues de Nancy : que madame la duchesse de Lénoncourt consente à en faire le voyage, les parens d'Aglaé ne résisteront pas à la touchante persuasion qui coule de ses lèvres quand elle est animée par le désir de faire le bien... Ne me refusez pas, et le succès sera certain... Vous éviterez surtout de parler de moi... Quelques souvenirs peu flatteurs... la vie que je mène à Paris, feraient tort à une si belle cause. »

Pendant que cette femme s'exprimait ainsi, et développait une chaleur d'âme dont je n'aurais jamais présumé qu'elle fût douée, j'étais pénétré d'un véritable attendrissement.

— » Dès aujourd'hui j'écris à ma mère la lettre la plus pressante, lui dis-je avec feu; je ne doute pas qu'elle ne cède au vœu que je lui manifesterai, puisqu'il s'agira de rendre la paix et le bonheur à une famille malheureuse...

— » Que je vous aurai d'obligations, mon bon Gustave!

— » Mais vous, chère Toinette, à chaque instant vous me donnez de nouveaux sujets d'étonnement!... Quel être êtes-vous donc?

— » Je ne suis point, mon ami, une énigme difficile à deviner. La fortune m'ayant jetée dans une classe que l'on méprise, et qui, j'en conviens, n'est pas estimable, de bonnes lectures et les entretiens de quelques hommes de mérite ont développé mes dispositions naturelles, et m'ont changée sous beaucoup de rapports. Ce qui surtout m'a fait conserver un peu d'estime de moi-même, c'est que je n'ai point renoncé à mon cœur. Ce seul mot explique la différence qui existe entre mon état et plusieurs de mes actions. »

Je quittai Toinette afin d'avoir le temps d'écrire ma lettre avant le départ du courrier. Je plaidai la cause d'Aglaé si éloquemment que je fis concevoir à ma mère une tendre compassion pour elle. La démarche que nous désirions près des parens de cette jeune personne fut faite dès le lendemain du jour où ma missive arriva. Ma bonne mère mit en mouvement avec tant de succès les sentimens de la nature, prouva si clairement qu'Aglaé, un instant égarée, n'avait rien perdu de cette innocence, de cette pureté que la moindre faiblesse flétrit à jamais, qu'elle reçut de ces vénérables époux l'assurance qu'ils pardonnaient à leur fille repentante, et que le passé serait oublié.

« Afin d'achever ce que j'ai commencé, » écrivait ensuite ma mère, je veux épar- » gner à la jeune Aglaé l'embarras et la gêne » de se présenter seule où l'indulgence la rap- » pelle, qu'elle vienne directement à Nancy, » qu'elle descende à notre hôtel ; je me charge » de la conduire aux pieds de ses respectables » parens. Je lui donne ma parole que leurs » bras lui seront ouverts. »

Lorsque je lus cette réponse à madame de Saint-Clair, elle eut des transports de joie très-voisins de la folie. Instruite par elle de la négociation dont je m'étais chargé, impatiente d'en connaître le résultat, Aglaé chaque matin venait interroger son amie. Elle entra au moment où madame de Saint-Clair faisait éclater si franchement l'effusion de sa reconnaissance.

Dès que Toinette l'aperçut :

— « Chère amie, s'écria-t-elle, ce jour est le plus beau de ma vie ! Embrasse-le comme moi... embrasse mille fois ton sauveur !... Tout a réussi... j'en avais la certitude... Lis ce que lui écrit son incomparable mère... Demain, oui, demain tu feras tes adieux à Paris; je suis heureuse de te perdre; tu sais pourtant combien je t'aime. »

La lecture de la lettre excita un sentiment de gratitude si vif dans le cœur d'Aglaé, qu'elle se prosterna devant moi, comme si j'eusse été le protecteur le plus vénérable.

Profondément ému, je me hâtai de la relever; je supprime la suite d'une scène dont il est facile de se former une juste idée. Je dirai seulement qu'on se prépare des souvenirs bien doux, quand on porte la consolation et la joie dans l'âme de ses semblables.

Aglaé passa la journée avec nous, et nous nous occupâmes tous les trois des apprêts de son départ, j'allai moi-même retenir sa place à la diligence.

Le lendemain, au lever de l'aurore, j'arrivai chez madame de Saint-Clair, on m'attendait : au moment de quitter l'hôtel, de tendres adieux, des protestations d'amitié, de reconnaissance, furent mutuellement échangés.

L'heure approchait, nous nous hâtâmes; les

chevaux déjà étaient attelés quand nous entrâmes au bureau des voyageurs.

— « Mademoiselle, dit madame de Saint-Clair à Aglaé avant qu'elle montât en voiture, vous allez reprendre votre place dans la société; une grande distance existera entre vous et moi; cependant j'ose espérer que ce changement ne vous fera pas mépriser une amitié aussi vraie, aussi désintéressée que le fût toujours la mienne pour vous.

— » Ma chère Saint-Clair, répondit Aglaé, en la tenant étroitement embrassée et inondant son visage des larmes du sentiment, jusqu'à la mort, je suis ton amie!... »

Il fallut enfin se séparer. Trois jours après, Aglaé était à Nancy. Elle plut à ma mère. Cette excellente femme la conduisit à ses parens, goûta la satisfaction pure d'assister à la réconciliation la plus touchante, la plus heureuse, et put se dire à elle-même : *Voilà mon ouvrage!*

Mais, quoi! son ancienne femme de chambre; cette fille qu'elle avait surprise la nuit, avec son époux, dans un négligé équivalent de la nudité; cette Saint-Clair, publiquement affichée dans Paris en qualité de femme entretenue, et de laquelle on aurait attendu des leçons de volupté, plutôt qu'un acte aussi méritoire que celui de ramener au bercail une brebis égarée; cette Phryné, qui venait de répondre, par l'emportement d'une effervescente sensualité, à mes transports amoureux; cette ci-devant Toinette, en un mot, n'était-ce pas elle qui, la première, avait conçu et fait réaliser le projet de rendre à la société cet intéressant objet que la corruption menaçait d'atteindre? N'avait-elle donc pas aussi le droit de répéter avec autant de raison que ma mère : *Voilà mon ouvrage!*

Enfin, moi, jeune fou, sans cesse dominé par mes sens, c'est une infidélité coupable à une femme que j'adore, qui me procure le bonheur d'arrêter sur le bord du précipice où peut-être elle allait tomber, cette même enfant, plus à plaindre que coupable, et de remplir près d'elle le rôle des saints les plus chastes du calendrier. Ne m'est-il donc pas permis de dire également à mon tour : *Voilà mon ouvrage?*

Quels ricochets bizarres! Il est donc vrai

qu'une action généreuse et utile peut venir d'une source impure, et que le vice travaille quelquefois au triomphe de la vertu ! Il est donc vrai, qu'à côté des faiblesses humaines et de graves égaremens, brillent par fois la bonté, de nobles sentimens, une amitié dévouée ! Les hommes entièrement bons ou entièrement méchans, sont des exceptions. La nature de notre espèce, en général, est d'offrir un mélange de bien et de mal. Ce qui seul distingue les individus entre eux, c'est le degré plus ou moins évident de force ou de faiblesse, de l'un de ces deux élémens relativement à l'autre. Les contrastes furent dans tous les temps le principal attribut caractéristique de l'homme. Si nous voulons être justes et posséder la somme de bonheur proportionnée à notre imperfection, ne soyons pas trop sévères, pardonnons souvent et surtout aimons beaucoup.

FIN DU TOME SECOND.

TABLE

DES MATIÈRES CONTENUES DANS LE TOME SECOND.

CHAPITRE XIII.

Le tombeau d'un vieux guerrier. — Larmes d'un brave. — La fée Mélusine.   Page 1

CHAPITRE XIV.

Vive une dévote pour savoir aimer !   14

CHAPITRE XV.

Ma présentation au roi Stanislas Leczinski. — Bienfaits de cet excellent prince. — La marquise de Boufflers. — Le comte de Tressan. — L'aimable petit abbé Porquet. — Le chevalier de Boufflers. — Le jésuite Menoux. — Le nain Bébé.   28

CHAPITRE XVI.

Portrait du meilleur des maris. — Caractère aussi heureux qu'original. — Femme digne de servir de modèle à son sexe. — Les conquérans ne triomphent pas toujours.   45

CHAPITRE XVII.

Désappointement. — Coup inattendu. — Mon désespoir. — Je m'accuse.   68

CHAPITRE XVIII.

Lettres. — Deux morts. — Un mariage. — Résultat de mes indignités. — Fécondité embarrassante. — Qu'une femme belle, vertueuse et bonne est adorable! 90

CHAPITRE XIX.

L'écolier chef de ses maîtres. — Il n'est pas de sacrifice généreux impossible à l'âme d'une femme. 109

CHAPITRE XX.

Généreuse démarche. — Deux jolies rivales qui s'estiment et qui s'aiment. — Je la revois. 121

CHAPITRE XXI.

De nouveau je suis à Paris. — Le maréchal de Belle-Isle. — Généraux de 1758. — Le comte de Gisors. 134

CHAPITRE XXII.

Ma présentation à la cour. — Ancienne connaissance retrouvée. — Toinette sur le trottoir. — Histoire de sa fortune. — Scène de boudoir. 159

CHAPITRE XXIII.

Les femmes entretenues. — Les Grecs de Paris. — Aglaé et le marquis de Louville. — Enlèvement. — Ordre de début à l'Opéra. — Trahison. — Repentir. — Madame de Saint-Clair protectrice d'Aglaé. 176

CHAPITRE XXIV.

Action édifiante d'une courtisane et d'un jeune fou. — Brebis égarée ramenée par eux au bercail. 205

FIN DE LA TABLE DU TOME SECOND.

ALPHABET MILITAIRE. Nouvelle méthode d'enseigner à lire aux enfans tout en les amusant; un vol. in-12, orné de 25 figures coloriées avec beaucoup de soin, élégamment cartonné. . . . . . **4 fr**

Ce panorama militaire représente des soldats de toutes les nations, lithographiés et coloriés avec beaucoup de soin.

Au-dessous de chaque groupe de soldats se trouve le nom de la nation qu'il représente, décomposé par lettres et syllabes en caractère romain, italique et anglais. L'œil de l'enfant s'habitue ainsi sans difficulté aux formes de ces divers caractères.

Cet ingénieux alphabet où tout s'enchaîne et se lie étroitement, où la vue aussi bien que l'oreille sont frappées simultanément, obtient une vogue justement méritée.

GRAMMAIRE PITTORESQUE, pour l'amusement et l'instruction des enfans, par M. Pons, très-joli vol. in-12, orné de 12 fig. coloriées. . . . . . **3 fr.**

L'enfant le plus rebelle pour la lecture, voudra connaître les petites historiettes qui ont fourni le sujet des figures. Sa curiosité stimulée, l'enfant lira sans répugnance cette ingénieuse grammaire qui parle à ses yeux et qui obtient le même succès que l'*Alphabet militaire*.

IMPRIMERIE DE A. BARBIER, RUE DES MARAIS S.-G. N. 17.

www.ingramcontent.com/pod-product-compliance
Lightning Source LLC
Chambersburg PA
CBHW051911160426
43198CB00012B/1842